Schriften der Regio 7.14

Mit/avec
Regio Wirtschaftsstudie Oberrhein
Étude économique du Rhin supérieur

Regio Wirtschaftsstudie Nordwestschweiz XIV

Herausgeber: Rainer Füeg/Peter Grieder

Helbing & Lichtenhahn Verlag AG

CIP-Kurztitelaufnahme der Deutschen Bibliothek

Regio Basiliensis:
Regio Wirtschaftsstudie Nordwestschweiz /
[hrsg. von d. Regio Basiliensis]. Hrsg.: Rainer Füeg/Peter Grieder
– Basel: Helbing und Lichtenhahn
  (Schriften der Regio; 7)

NE: Füeg, Rainer/Grieder, Peter [Hrsg.]; HST; Regio Basiliensis:
Schriften der Regio

14 (1993)
ISBN 3-7190-1259-X

Copyright 1992 by Regio Wirtschaftsstudie, Basel
ISBN 3 7190 1259-X
Bestellnummer 21 01259

Preis Fr. 25.–   Druck: J. Schaub-Buser AG, Sissach

Zum Geleit

Seit langem wieder einmal muss in der vorliegenden vierzehnten Regio Wirtschaftsstudie Nordwestschweiz eine Rezession verzeichnet werden. Nach Jahren des kontinuierlichen Wachstums hat 1991 die Region real gesehen ein halbes Prozent an Wirtschaftskraft verloren und auch im Jahre 1992 hat sich das Netto-Inlandprodukt nochmals rückläufig entwickelt. Begleitet war dies von entsprechenden Reaktionen auf dem Arbeitsmarkt; Kurzarbeit und Arbeitslosigkeit wurden wieder wirtschaftliche Realitäten. Die Gründe für die schwachen Resultate liegen zum einen in der weltweit schwachen Konjunkturlage, in der sich allmählich auch die auf das "Zugpferd" Deutschland gesetzten Hoffnungen verflüchtigten; zum anderen vermochten sich die Bauwirtschaft und die ihr nahestehenden Branchen dem regionalen und schweizerischen Abwärtstrend nicht zu entziehen.

Allzu pessimistisch soll die Situation angesichts dieser unbefriedigenden Resultate gleichwohl nicht eingeschätzt werden. Die Nordwestschweiz weist immer noch weltweit gesehen eine sehr hohe Wertschöpfung pro Arbeitsplatz aus und kann sich auf Branchen stützen, denen nach wie vor gesunde Unternehmen mit hoher Arbeitsproduktivität angehören. 1991 gingen besonders vom Dienstleistungssektor positive Impulse aus. 1992 dürfte sich einmal mehr die Chemie als Hauptstütze der regionalen Wirtschaft erweisen.

Zumindest im kleinen und im statistischen haben die Verfasser der vorliegenden Studie den EWR-Gedanken trotz dem Nein am 6. Dezember nicht aufgegeben: die grenzüberschreitende Wirtschaftsstudie Oberrhein wurde weitergeführt und ausgebaut. Erstmals beteiligten sich dabei auch die französischen und deutschen Partner. Eines der trinationalen Projekte also, welche - auch ohne EWR - die grenzüberschreitende Zusammenarbeit fördern.

Dr. Peter Gloor
Präsident der Regio Basiliensis

Inhaltsübersicht

Teil I	Die Wirtschaftsentwicklung in der Nordwestschweiz 1991/92	Dr. R. Füeg
Teil II	Die Entwicklung 1991/92 in der Industrie	Lic. rer. pol. P. Grieder, MBA
Teil III	Die Entwicklung der Dienstleistungsbranchen 1991/92	Dr. R. Füeg
Teil IV	Die Entwicklung 1991/92 im Gewerbe	Lic. rer. pol. P. Grieder, MBA
Teil V	Regio Wirtschaftsstudie Oberrhein	Dr. R. Füeg/ lic. rer. pol. P. Grieder, MBA
Teil VI	Strukturwandel in der Nordwestschweiz 1985-1991 - Analyse der Betriebszählungsergebnisse 1991	Lic. rer. pol. Johann Christoffel

Anhänge

Inhaltsverzeichnis

		Seite
Zum Geleit	P. Gloor	III

TEIL I:

DIE WIRTSCHAFTSENTWICKLUNG IN DER NORDWESTSCHWEIZ 1991/92 — R. Füeg — 1

	Seite
1. Zielsetzung und Methodik der Studie	3
2. Der Wirtschaftsraum Nordwestschweiz	7
3. Die Entwicklung der regionalen Wirtschaft in den Jahren 1991 und 1992	8
4. Arbeitsmarkt	12
5. Entwicklung der einzelnen Sektoren	18
6. Entwicklung der Teilräume	28
7. Entwicklungstendenzen 1992	29
8. Weitere Entwicklung	30

TEIL II:

DIE ENTWICKLUNG 1991/92 IN DER INDUSTRIE — P. Grieder — 35

	Seite
1. Gesamtergebnisse 1991	37
2. Nahrungsmittel/Getränke	39
3. Graphische Industrie	41
4. Chemie	43
5. Steine/Erden	45
6. Maschinen/Apparate/Elektronik	47
7. Metallbearbeitung	49
8. Übrige Industrie	51
9. Entwicklungstendenzen 1992	55

TEIL III:

DIE ENTWICKLUNG DER DIENSTLEISTUNGSBRANCHEN 1991/92 — R. Füeg — 57

	Seite
1. Gesamtentwicklung	59
2. Grosshandel	62
3. Banken	63
4. Versicherungen	65
5. Transport/Spedition/Lagerung	67
6. Beratung	68
7. Grossverteiler/Warenhäuser	71
8. Übrige Dienstleistungen	72

Seite

TEIL IV:

DIE ENTWICKLUNG 1991/92 IM GEWERBE   P. Grieder   75

1. Gesamtübersicht   77
2. Bauhauptgewerbe   79
3. Ausbaugewerbe   82
4. Fachhandel   84
5. Gastgewerbe   86
6. Übriges Gewerbe   88

TEIL V:

REGIO WIRTSCHAFTSSTUDIE OBERRHEIN   R. Füeg/   91
    P. Grieder

1. Einleitung   93
2. Zielsetzungen   95
3. Gesamtergebnisse   97
4. Wirtschaftliche Verfelchtungen   100
5. Entwicklung der Teilregionen   102
6. Entwicklung der Sektoren   108
7. Schlussfolgerungen   118

TEIL VI:

STRUKTURWANDEL IN DER NORDWESTSCHWEIZ
1985–1991:   J. Christoffel   119

Analyse der Betriebszählungsergebnisse 1991

1. Einleitung   121
2. Arbeitsstätten und Beschäftigte   122
3. Regionale Veränderungen 1985 - 91   124
4. Branchenstruktur im Wandel   126
5. Grössenklassen der Arbeitsstätten   129
6. Voll- und Teilzeitbeschäftigung von Männern und Frauen   132

Tabellenanhang

ANHANG I
ANHANG II

Teil I

Die Wirtschaftsentwicklung in der Nordwestschweiz 1991/92

Dr. Rainer Füeg

1. Zielsetzung und Methodik der Studie

2. Der Wirtschaftsraum Nordwestschweiz

3. Die Entwicklung der regionalen Wirtschaft in den Jahren 1991 und 1992

4. Arbeitsmarkt

5. Entwicklung der einzelnen Sektoren

6. Entwicklung der Teilräume

7. Entwicklungstendenzen 1992

8. Weitere Entwicklung

1. Zielsetzung und Methodik der Studie

Die Zielsetzung der Regio Wirtschaftsstudie Nordwestschweiz besteht darin, jährlich ein praxisorientiertes Instrument zu schaffen, das es erlaubt, mit vertretbarem Aufwand aktuelle und möglichst umfassende Informationen über den Wirtschaftsraum Nordwestschweiz zu erheben. Die wirtschaftliche Leistung dieses Raumes wird wertmässig, das heisst in Franken ausgedrückt, erfasst und analysiert, und es werden die Stärken und Schwächen der Region herausgearbeitet. Damit sollen laufend auch die Zukunftschancen der Region abgewogen werden.

Zu diesem Zweck werden jedes Jahr die Unternehmungen in der Region mit einem Fragebogen zur Entwicklung der Umsatz-, Wertschöpfungs- und Personalzahlen befragt. Jedes Jahr wird auch ein zusätzliches Thema bearbeitet, welches sich im Laufe der Fortschreibung der Studie als wissenswert herausgestellt hat. In diesem Sinne wurden in den vergangenen Jahren Themen zum Arbeitsmarkt, zum Raumbedarf, zum Energieverbrauch, zu den Investitionsabsichten und zur Entwicklung des EG-Binnenmarktes bearbeitet.

Zur Messung und Beschreibung der Wirtschaftstätigkeit in der Region wird die *Netto-Wertschöpfung* verwendet, da nur sie den Vergleich zwischen verschiedenen Branchen erlaubt. Die Wertschöpfung stellt den Beitrag jeder Unternehmung zum Volkseinkommen (genauer: zum Nettoinlandsprodukt) der Region dar.

Man berechnet sie auf der *Entstehungsseite*, indem man vom Umsatz (Dienstleistungsertrag) einer Unternehmung die Kosten aller von anderen Wirtschaftseinheiten zugekauften Rohstoffe, Halbfabrikate und Dienstleistungen sowie die betriebsnotwendigen Abschreibungen subtrahiert (vgl. Abb. 1).

Zur Ermittlung der gesamten *verfügbaren* Wertschöpfung werden zur erarbeiteten Wertschöpfung noch die neutralen Erträge (oder Verluste) addiert. Bei diesen handelt es sich meist um Dividendenzahlungen von Tochtergesellschaften, um die Auflösung von Reserven oder den Verkauf von Land oder Betriebsmitteln. *Verteilt* wird die Wertschöpfung in Form von Löhnen und Lohnnebenkosten an die Mitarbeiter, als Steuern und Abgaben an die öffentlichen Hände und in Form von Zinsen und ausgeschütteten Gewinnen an die Kapitalgeber. Was übrig bleibt, steht den Unternehmungen für weitere Aktivitäten zur Verfügung. Als *Cash flow* bezeichnen wir schliesslich die den Unternehmungen insgesamt zur Verfügung stehenden flüssigen Mittel, also den Unternehmungsanteil an der Wertschöpfung plus die Abschreibungen.

In der Wirtschaftsstudie wird die Wertschöpfung der verschiedenen Branchen anhand einer Stichprobe erhoben. Deren Ausschöpfungsgrad liegt je nach Branche zwischen 50% und 95%; im Durchschnitt der Schlüsselbranchen (s. unten) umfasst die Stichprobe 80% aller Arbeitsplätze.

Eine weitere Grundlage der Studie bildet der *Exportbasis-Ansatz*. Dieser Ansatz geht davon aus, dass denjenigen Wirtschaftseinheiten, die Waren und Dienstleistungen aus einem definierten Wirtschaftsraum nach aussen verkaufen, eine besondere Bedeutung zukommt, da sich positive und negative wirtschaftliche Impulse von aussen (weltweites Wachstum oder Abschwung, Währungseinflüsse, Pro-

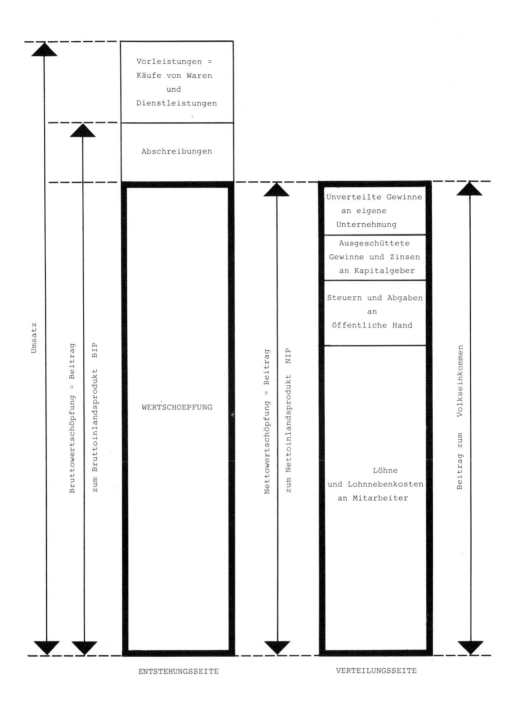

Abb. 1: Definition der Wertschöpfung

tektionismus etc.) direkt auf diese exportierenden Einheiten auswirken. Sie sind es, die sich innerhalb der internationalen Konkurrenz zu bewähren haben, und sie sind es, die letztlich über die Höhe des regionalen Wohlstandes entscheiden, indem sie direkt oder über die Konsumausgaben ihrer Mitarbeiter auch bei den übrigen Unternehmungen Umsatz auslösen. Die Wertschöpfung, welche aus Verkäufen in die übrige Schweiz oder ins Ausland resultiert, bezeichnen wir als *Exportwertschöpfung* (oder fundamentale Wertschöpfung); die durch Verkäufe im Wirtschaftsraum selbst erzielte Wertschöpfung hingegen als *derivativ*.

Aufgrund des Exportbasis-Ansatzes wurden die "Schlüsselbranchen" des nordwestschweizerischen Wirtschaftsraums definiert: Jede Branche mit mindestens einem Prozent Anteil an der Exportwertschöpfung der Region gilt als Schlüsselbranche. Deren wirtschaftliche Entwicklung wird in Teil II und III eingehend besprochen.

Die vorliegende Untersuchung erfolgte nach dem bewährten Muster der früheren Jahre:

– Im Industrie- und Dienstleistungssektor wurde anhand eines Fragebogens die individuelle Wertschöpfung der einzelnen Unternehmungen ermittelt und anschliessend branchenweise hochgerechnet. Rund 200 Unternehmungen mit zusammen etwa 100'000 Arbeitsplätzen beteiligen sich regelmässig an der Umfrage.

– Die Aussagen über den gewerblichen Bereich sind auf der Basis der Angaben der einzelnen Branchenverbände ermittelt worden.

– Für die Analyse der öffentlichen Hand wurden die veröffentlichten Angaben der Kantone sowie die Angaben einer Stichprobe von Einwohner-, Bürger- und Kirchgemeinden und übriger Betriebe der öffentlichen Hand verwendet. Insgesamt werden damit rund 90% der Arbeitsplätze im öffentlichen Sektor direkt erfasst.

Die in der Studie ausgewiesenen Zahlen korrespondieren nicht mehr vollständig mit den in den vergangenen Jahren publizierten Werten, da bei den Arbeitsplatzzahlen die neuesten Ergebnisse der Betriebszählung 1991 verwendet worden sind. Gegenüber der Betriebszählung 1985 ist bei der Betriebszählung 1991 insofern eine Veränderung vorgenommen worden, als die Definition eines Vollbeschäftigten neu gefasst wurde, was bei der Umrechnung der Arbeitsplätze in Vollarbeitsplätze gewisse Veränderungen mit sich brachte.

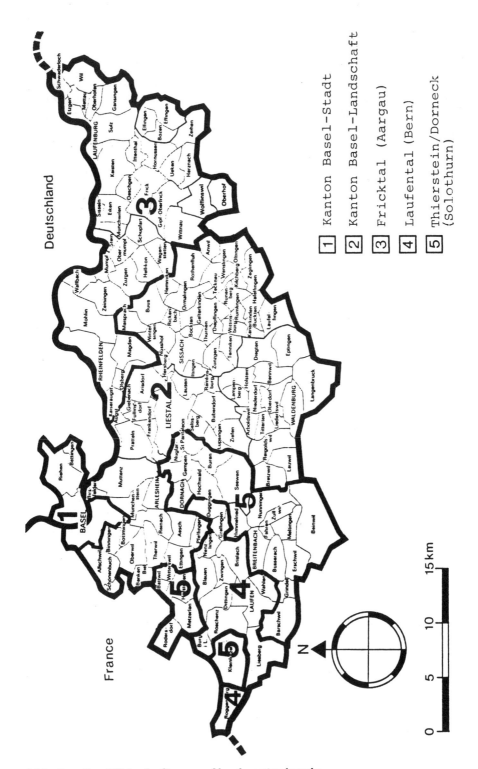

Abb. 2: Der Wirtschaftsraum Nordwestschweiz

2. Der Wirtschaftsraum Nordwestschweiz

Der Wirtschaftsraum Nordwestschweiz umfasst die schweizerischen Gebiete auf der nördlichen Seite der Jurakette (Abb. 2). Die Nordwestschweiz ist trotz vielfältiger politischer Grenzen eine wirtschaftliche Einheit, die sich auch darin ausdrückt, dass (mit Ausnahme der Grenzgänger) ihr Pendlersaldo nahezu Null ist. Geographisch unterscheiden wir in diesem Wirtschaftsraum drei Schalen: die *innere Schale* (den Kern) bildet der Kanton Basel-Stadt. Die *mittlere Schale* umfasst die Bezirke Arlesheim und Liestal, also ungefähr den Agglomerationsgürtel. In der *äusseren Schale* liegen die übrigen beiden basellandschaftlichen Bezirke Sissach und Waldenburg, die aargauischen Bezirke Rheinfelden und Laufenburg, das bernische Laufental und die solothurnischen Bezirke Thierstein und Dorneck.

3. Die Entwicklung der regionalen Wirtschaft in den Jahren 1991 und 1992

3.1 Wirtschaftsentwicklung in der Nordwestschweiz insgesamt

Seit anderthalb Jahren hat die Nordwestschweiz nunmehr jenes Nullwachstum erreicht, das sich einige Zeitgenossen immer schon gewünscht haben. Real gesehen hat die Region 1991 ein halbes Prozent an Wirtschaftskraft verloren, und auch im Jahr 1992 hat sich das Netto-Inlandsprodukt noch einmal rückläufig entwickelt. Die Nordwestschweiz steht mitten in einer Rezession, in der einzig die Entwicklung der Inflationsrate zu befriedigen vermag.

Allerdings besteht selbst angesichts dieses schwachen Resultats kein Anlass, schwarz zu malen. Die Region befindet sich zur Zeit wieder auf dem Wohlstandsniveau des Jahres 1989 und hat in der Zwischenzeit sogar noch zusätzliche Arbeitsplätze geschaffen. Erst 1992 musste bei der Zahl der Arbeitsplätze erstmals ein Rückgang verzeichnet werden.

Verglichen mit anderen Regionen und Ländern steht die Nordwestschweiz damit immer noch relativ gut da. Dies ist letztlich der günstigen Branchenstruktur zu verdanken: Die Chemie trägt nach wie vor rund 20% zum regionalen Sozialprodukt bei, die Maschinen-/Apparate- und Elektrobranche knapp 5%, Banken und Finanzdienstleistungen gut 8%, die Bauwirtschaft rund 9%. Der Anteil der wertschöpfungsschwachen Branchen hat demgegenüber im Laufe der Jahre deutlich abgenommen. So beläuft sich der Anteil der Landwirtschaft heute nur noch auf 0.9% des Inlandprodukts, jener der Uhrenindustrie auf 0.1% und jener der Textilindustrie auf 0.5%.

Mit einem Anteil von 27% bei den Arbeitsplätzen und 33.9% an der erarbeiteten Wertschöpfung trägt die Industrie am meisten zum wirtschaftlichen Wohlergehen der Nordwestschweiz bei (Tab. 1). Sie erwirtschaftete 1991 pro Arbeitsplatz die höchste Wertschöpfung aller Sektoren und übertraf damit den regionalen Durchschnitt um knapp 26%.

Tab. 1: Anteile der Sektoren an den Arbeitsplätzen und der Wertschöpfung in der Nordwestschweiz 1991

Sektor	Vollarbeitsplätze	Anteil in %	Wertschöpfung (Mio. Fr.)	Anteil in %	Wertschöpfung/ Arbeitsplatz (Fr.)	Anteil in %
Landwirtschaft	5'700	2.0%	260.0	0.9%	45'600.-	47.4%
Industrie	78'400	27.0%	9'478.9	33.9%	120'900.-	125.9%
Dienstleistungen	64'100	22.1%	7'596.9	27.2%	118'500.-	123.4%
Gewerbe	101'200	34.8%	7'174.6	25.6%	70'900.-	73.8%
Öffentliche Hand	41'100	14.1%	3'466.7	12.4%	84'400.-	87.9%
Nordwestschweiz	290'500	100.0%	27'977.1	100.0%	96'300.-	100.0%

Auffällig an der Rezession 1991/92 ist die Tatsache, dass die regionale Wirtschaft höchst unterschiedlich davon betroffen ist. In vielen Industriebranchen - vor allem in der Uhrenindustrie, in der Metallindustrie und bei Steine/Erden - musste zum Teil ein erheblicher Beschäftigungs- und Wertschöpfungsrückgang in Kauf genommen werden. In anderen Branchen schrumpfte zwar die Belegschaft, dafür entwickelte sich aber das wirtschaftliche Ergebnis positiv, wie etwa in der Chemie oder bei den Banken. In den meisten Dienstleistungsbranchen schliesslich war und ist von Rezession in der Jahresrechnung 1992 noch nichts zu spüren.

3.2 Entwicklung der Schweiz 1991

Prägend für das Wirtschaftsjahr 1991 waren zum einen die *aussenpolitischen* Ereignisse vom Golfkrieg zu Jahresbeginn bis zum Zusammenbruch der UdSSR im Sommer. Beide Ereignisse hatten indes keine unmittelbaren wirtschaftlichen Auswirkungen auf die Region. In der *Schweiz* selbst war das Jahr gekennzeichnet von einer hohen Inflationsrate von 5.7% und einem immer noch hohen Zinsniveau. Dieses war einerseits auf den Kapitalbedarf zum Aufbau Ostdeutschlands, andererseits auf die restriktive Geldpolitik der Nationalbank zur Bekämpfung der Inflation zurückzuführen. Die weltweite Konjunkturflaute machte sich 1991 auch in der Schweiz in einem Rückgang des realen Bruttosozialprodukts um 0.1% und einer Reduktion der Importe bemerkbar.

Für die Exportwirtschaft wirkte sich in diesem Umfeld der Rückgang des Aussenwerts des Schweizer Frankens positiv aus: exportgewichtet sank dessen Wert um 2.5% gegenüber dem Vorjahr. Gesamtschweizerisch vermochten sich daher die Exporte beinahe auf dem Vorjahresniveau zu halten, vor allem dank der Zusatznachfrage aus Deutschland mit deren durch die Wiedervereinigung ausgelösten zusätzlichen Bedarf. Vom privaten inländischen Konsum gingen zwar keine besonders belebenden Impulse aus, immerhin wirkte er sich aber konjunkturstützend aus. Die hohen Zinsen führten allerdings zu einem markanten Rückgang der Bauinvestitionen und im Verbund mit der schwachen internationalen Konjunktur zu einer allgemeinen Reduktion der Investitionstätigkeit.

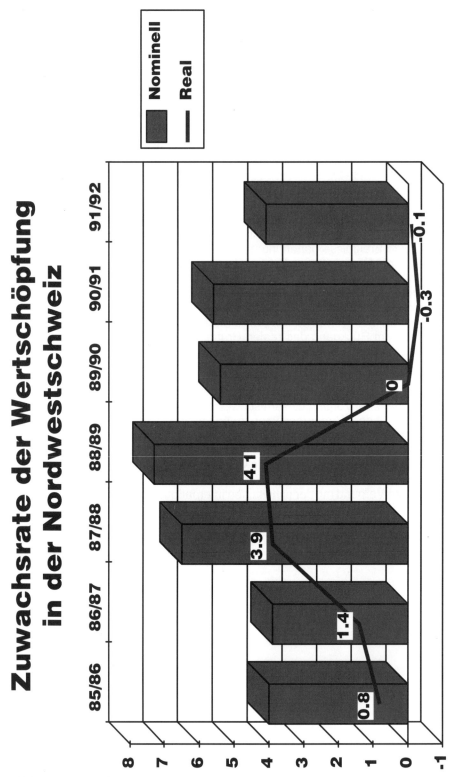

Abb. 3: Zuwachsraten der Wertschöpfung 1985-1992

3.3 Verteilung der Wertschöpfung

Bedenklich aus unternehmerischer Sicht ist das Auseinanderklaffen von Wertschöpfungs- und Personalkostenentwicklung. Seit nunmehr vier Jahren steigen die Personalkosten in der Region stärker als die erarbeitete Wertschöpfung. Eingebunden in teilweise mehrjährige Verträge haben viele Branchen und die regionale Wirtschaft als ganzes auch 1991 und 1992 mehr an die Mitarbeiter verteilt, als der Produktivitätsfortschritt erlaubt hätte. Durch die starke Zunahme der Finanzkosten in den letzten beiden Jahren flossen zusätzliche Mittel aus den Unternehmungen ab. Der in den Firmen verbleibende Teil der Wertschöpfung hat sich daher erneut zurückgebildet; vor allem das Jahr 1992 ist an die Substanz vieler Unternehmungen gegangen (Tab. 2).

Tab. 2: Verteilung der Wertschöpfung 1991 in der Nordwestschweiz (in Prozent)

Branche	Personalkosten	Steuern	Finanzkosten	Unternehmung
Nahrungsmittel/Getränke	60.0%	24.4%	9.5%	6.1%
Textil/Bekleidung/Schuhe	58.6%	24.1%	10.2%	7.1%
Graphische Industrie	87.7%	4.1%	6.3%	1.9%
Chemie	68.2%	5.3%	18.0%	8.5%
Steine/Erden	80.1%	4.7%	10.7%	4.5%
Metallbearbeitung	88.2%	4.0%	9.4%	−1.6%
Maschinen/Apparate	80.8%	5.8%	7.0%	6.4%
Elektronik	78.3%	8.6%	4.2%	8.9%
Industrie	71.6%	6.9%	14.0%	7.5%
Grosshandel	59.9%	17.2%	14.2%	8.7%
Banken	47.0%	6.0%	14.5%	32.5%
Versicherungen	68.1%	5.4%	9.9%	16.6%
Transport/Spedition/Lagerung	88.7%	3.7%	6.4%	1.2%
Beratung	83.8%	2.3%	4.1%	9.8%
Grossverteiler	76.2%	8.7%	9.9%	5.2%
Dienstleistungen	67.8%	6.9%	10.4%	14.9%
Bau	85.6%	5.2%	4.5%	4.7%
TOTAL	70.8%	6.8%	12.0%	10.5%

4. Arbeitsmarkt

4.1 Entwicklung 1990-1992

Die Entwicklung auf dem Arbeitsmarkt ist sicher ein Kernthema für die Berichterstattung über die Nordwestschweiz in den Jahren 1991 und 1992. Nach rund sieben Jahren mit einem starken Wachstum der Beschäftigung hat sich Mitte 1990 der Trend gekehrt, die Nachfrage auf dem Arbeitsmarkt bildete sich erstmals wieder zurück. 1991 wuchs die Beschäftigtenzahl noch minimal (+0.1%), der Arbeitsmarkt war indes bereits nicht mehr voll ausgelastet. 1992 war dies noch stärker der Fall. Die Nordwestschweiz verzeichnete erstmals seit langem wieder einen Rückgang bei der Zahl der Arbeitsplätze. Dieser war mit -0.6% zwar noch nicht gravierend, doch wurden immerhin beinahe 1700 Stellen abgebaut. Betroffen waren praktisch alle Wirtschaftszweige, erstmals auch der Dienstleistungssektor, welcher um rund 0.1% geschrumpft ist. Nur drei Branchen wuchsen beschäftigungsmässig noch: die Elektrotechnik/Elektronik, das Ausbaugewerbe und die Beratungsbranche. Einen deutlichen Abbau verzeichneten demgegenüber die Metallindustrie (-5.2%), die Transportbranche (-4.7%), die Uhrenindustrie (–8.3%) und die Kunststoffbranche (-7.0%). Selbst die Banken, jahrelang an der Spitze des Beschäftigungszuwachses gelegen, bauten 1992 erstmals Arbeitsplätze ab (-1.4%).

4.2 Arbeitslosigkeit

In den vergangenen zwei Jahren hat sich daher die Zahl der *Arbeitslosen* mehr als verdoppelt. Massiv zugenommen hat parallel dazu auch die Kurzarbeit, vor allem in der Maschinenindustrie und der Metallindustrie. Ende 1992 waren in der Nordwestschweiz gut 7500 Arbeitslose registriert, was einer Arbeitslosenquote von über 3% entspricht. Dank der günstigen Situation im Kanton Baselland (2.8%), im Fricktal (1.7%) und im Laufental/Thierstein/Dorneck lag die Arbeitslosigkeit in der Region trotz dem hohen Wert in Basel-Stadt (4.2%) noch unter dem nationalen Durchschnitt, was wiederum in erster Linie der günstigen Branchenstruktur der Nordwestschweiz zu verdanken ist.

Besonders betroffen von Arbeitslosigkeit sind wie immer unqualifizierte Arbeitnehmer. Dies ist mit ein Resultat der unglücklichen schweizerischen Arbeitsmarktpolitik, welche bis heute vorwiegend den Zuzug wenig qualifizierter Ausländer via Saisonnierbewilligung und nachfolgender Umwandlung in eine Niederlassungsbewilligung erlaubt. Neben den "gewohnten Risikogruppen" sind in der derzeitigen Phase der Arbeitslosigkeit aber auch bisher relativ sichere Beschäftigtengruppen betroffen. Vermehrt werden zur Zeit nämlich Beschäftigte in mittlerem Alter, Kader und auch qualifizierte Berufsleute vom Stellenabbau erfasst.

Darin äussert sich nicht nur die konjunkturelle Lage, welche beispielsweise in der Metallindustrie, im Gastgewerbe oder auch in der Maschinenindustrie zu Freisetzungen führte. Spürbar wurden auch Anstrengungen zur Effizienzsteigerung im Dienstleistungssektor (z.B. bei den Büroberufen), strategische Massnahmen zur Sicherung der Wettbewerbsfähigkeit im Europa von morgen oder auch die Korrektur von "Übertreibungen" in der vergangenen Periode des Kapazitätsausbaus. Waren in der zweiten Hälfte der achtziger Jahre noch Leute eingestellt worden, deren Qualifikation oder Leistungsbereitschaft den Anforderungen allenfalls halbwegs entsprachen, so wird zur Zeit die Messlatte bezüglich Lohn/Leistungsverhältnis bei Mitarbeitern aller Stufen wieder höher gelegt als auch schon. Ungenügende Funktionsträger werden wieder rascher entlassen als in der Vergangenheit. Zudem führt auch die steigende Zahl von Konkursen kleiner und mittlerer Betriebe zu einem Anwachsen der Arbeitslosenzahlen. Neben den Arbeitsämtern stehen denn auch die Betreibungsämter und die Konkursverwalter derzeit vor einem sprunghaft wachsenden Arbeitsvolumen.

Anders als in früheren konjunkturellen Schwächephasen geht der Arbeitsplatzabbau diesmal nicht einseitig zu Lasten der ausländischen Arbeitskräfte. Konnte man in den siebziger Jahren noch von "Arbeitslosenexport" sprechen, so trifft dies zur Zeit kaum noch zu. Dies dürfte auch der Hauptgrund dafür sein, dass eine bisher an sich noch relativ geringe Rezession zu einer so deutlichen Zunahme der Arbeitslosigkeit in der Schweiz geführt hat. Ein anderer Grund liegt in der Statistik selbst: so werden heute wesentlich mehr Leute als Arbeitslose erfasst als früher.

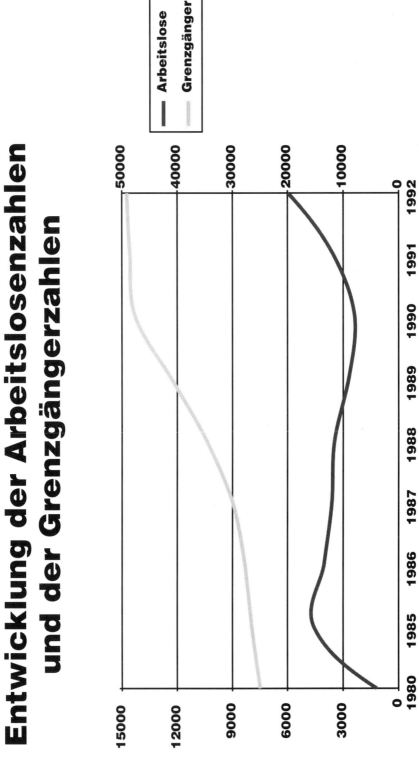

Abb. 4: Entwicklungen auf dem Arbeitsmarkt 1980-1992

4.3 Grenzgänger

Was die Entwicklung der *Grenzgängerzahlen* betrifft, so zeigt sich mit aller Deutlichkeit deren Integration in den nordwestschweizerischen Arbeitsmarkt. In den Jahren mit starkem Beschäftigungswachstum von 1985 bis 1990 stieg die Zahl der Grenzgänger um beinahe 80%, seit dem Rückgang der Beschäftigung Mitte 1990 ist sie immer noch um 3% gewachsen. Selbst 1992, als die Gesamtzahl der Arbeitsplätze in der Region erstmals abnahm, ist die Zahl der Grenzgänger noch um 1% gestiegen. Ähnlich wie die Nordwestschweiz gegenüber dem Rest der Schweiz punkto Arbeitslosigkeit besser abschneidet, stehen daher auch die Nachbarregionen Südbaden mit einer Arbeitslosenquote von rund 5% und das Oberelsass mit einer Quote von 5.5% deutlich günstiger da als ihre jeweiligen gesamten Länder (BRD: 6.3%, F: 9.4%).

Ende 1991 lag der Anteil der Grenzgänger bei 15% aller Beschäftigten in der Nordwestschweiz. Im Industriesektor und bei einzelnen Dienstleistungsbranchen war der Anteil wesentlich höher, im Gewerbe und bei der öffentlichen Hand dagegen unterdurchschnittlich (Tab. 3).

Tab. 3: Anteile der Grenzgänger an der Beschäftigung nach Branchen 1991 (in Prozent)

Branche	Anteil der Grenzgänger aus Frankreich	aus der BRD	TOTAL
Nahrungsmittel/Getränke	27.0%	5.5%	32.5%
Textil/Bekleidung/Schuhe	19.7%	6.8%	28.5%
Graphische Industrie	10.4%	4.3%	14.7%
Chemie	13.6%	11.6%	25.2%
Steine/Erden	23.0%	7.3%	30.3%
Metallbearbeitung	21.6%	5.6%	27.2%
Maschinen/Apparate	18.9%	6.8%	25.7%
Elektronik	33.5%	7.1%	40.6%
Übrige Industrie	18.7%	2.3%	21.0%
Industrie	17.9%	8.6%	26.5%
Grosshandel	8.8%	4.5%	13.3%
Banken	1.7%	2.7%	4.4%
Versicherungen	7.2%	4.0%	11.2%
Transport/Spedition/Lagerung	18.3%	13.0%	31.3%
Beratung	3.9%	11.0%	14.9%
Grossverteiler	26.9%	4.4%	31.3%
Übrige Dienstleistungen	4.7%	4.1%	8.8%
Dienstleistungen	9.7%	5.2%	14.9%
Bau	7.6%	7.1%	14.7%

4.4 Entwicklung auf dem Arbeitsmarkt seit 1985

Der Gegensatz zur jüngeren Vergangenheit auf dem Arbeitsmarkt könnte damit nicht grösser sein. Die "Minibetriebszählung 1991", welche vom Statistischen Amt des Kantons Baselland in verdankenswerter Weise für die gesamte Region aufbereitet worden ist (vgl. Teil VI), zeigt für die zweite Hälfte der achtziger Jahre nämlich einen deutlichen Beschäftigungszuwachs in unserer Region.

In den sechs Jahren seit der letzten Betriebszählung haben sich innerhalb der Region recht markante Verschiebungen ergeben. Während in der Nordwestschweiz zwischen 1985 und 1991 die Zahl der Vollarbeitsplätze um 7.7% gestiegen ist, hat der Kanton Baselland allein einen Zuwachs um 14.6%, das Fricktal sogar um 21.1% erlebt. Im Kanton Basel-Stadt ist die Zahl der Vollbeschäftigten dagegen nur um 1.9% gestiegen, im Thierstein/Dorneck um 4.3%.

Der überdurchschnittliche Zuwachs im Baselbiet ist nur bedingt auf die Verlagerung von *Industriebetrieben* zurückzuführen. Zwar entwickelte sich die Industrie in Baselland ebenfalls deutlich stärker als in der gesamten Region. Die Chemie beispielsweise schuf in den vergangen sechs Jahren in der Nordwestschweiz rund 4000 zusätzliche Arbeitsplätze und wuchs dabei im Baselbiet um 16%, in der Region insgesamt um 12%.

Die deutliche Gewichtsverschiebung ergab sich aber ebensosehr aufgrund von Verlagerungen und unterschiedlichen Entwicklungstrends im *Gewerbe* und im *Dienstleistungsbereich*.

Besonders stark gewachsen sind im Baselbiet die Schreinereien und Fensterbauer (+51%), der Grosshandel (+48%), die Speditionsfirmen (+42%) und die Elektrotechnik/Elektronik-Branche (+26%). Die "traditionellen" Branchen wie die Uhrenindustrie oder die Textilindustrie sind demgegenüber um 49% rsp. um 18% geschrumpft und beschäftigen heute jeweils deutlich weniger als tausend Personen. In der Nordwestschweiz hat die Beratungsbranche, die Chemie und der Grosshandel den stärksten Zuwachs erlebt, während der Detailhandel am deutlichsten geschrumpft ist.

1985 befanden sich im Kanton Basel-Stadt knapp 56% aller regionalen Arbeitsplätze, heute liegt der Anteil noch bei 53%. Der Kanton Baselland hat seinen Anteil auf 33% erhöht, die übrigen Teilräume der Region auf knapp 14%.

4.5 Weitere Entwicklungen auf dem Arbeitsmarkt

Für die kommenden Jahre bis 1995 erwarten die Industrie- und Dienstleistungsbranchen der Nordwestschweiz eine unterschiedliche Beschäftigungsentwicklung. Im Industriesektor wird mit einem weiteren Abbau von Arbeitsplätzen gerechnet (rund 1.2%), im Dienstleistungsbereich sollte die Zahl der Beschäftigten wiederum leicht zunehmen. Da das Gewerbe, die öffentliche Hand und die Landwirtschaft eher mit einem Rückgang der Beschäftigung rechnen, dürfte der nordwestschweizerische Arbeitsmarkt in den kommenden drei Jahren bestenfalls stagnieren (Tab. 4).

Tab. 4: Entwicklung der Arbeitsplatzzahlen bis 1995

Branche	Zunahme in Prozent
Nahrungsmittel/Getränke	−1.3%
Textil/Bekleidung/Schuhe	3.7%
Graphische Industrie	−0.3%
Chemie	−2.0%
Steine/Erden	−7.6%
Metallbearbeitung	−2.7%
Maschinen/Apparate	3.2%
Elektronik	−0.1%
Übrige Industrie	−2.1%
Industrie	−1.2%
Grosshandel	1.7%
Banken	0.5%
Versicherungen	5.4%
Transport/Spedition/Lagerung	2.0%
Beratung	3.4%
Grossverteiler	0.7%
Übrige Dienstleistungen	1.6%
Dienstleistungen	1.9%
Bau	−1.0%

Aufgrund der Bevölkerungsentwicklung ist für diesen Zeitraum aber ebenfalls nur mit einem minimalen Zuwachs der Zahl der Erwerbspersonen zu rechnen. Dies bedeutet, dass mittelfristig der Druck auf den Arbeitsmarkt tendenziell eher abnehmen sollte, wenn man von konjunkturellen Schwankungen und den Auswirkungen der EWR-Abstimmung einmal absieht.

5. Entwicklung der einzelnen Sektoren

Die einzelnen Segmente der regionalen Wirtschaft haben sich in den beiden vergangenen Jahren deutlich unterschiedlich entwickelt. Im folgenden sollen

- die Exportwirtschaft
- die Bauwirtschaft
- die Verkehrswirtschaft
- der Finanzsektor und
- der Handel

näher beleuchtet werden.

5.1 Exportwirtschaft

Der Konjunkturrückgang in den wichtigsten Absatzländern als Folge einer restriktiven Geldpolitik der wichtigsten Zentralbanken wurde 1991 in der Exportwirtschaft der Nordwestschweiz ebenfalls spürbar, wenn auch noch nicht in starkem Ausmass. Positiv bemerkbar machte sich die Entwicklung des Schweizer Frankens, der exportgewichtet leicht an Wert verlor und damit die Wettbewerbsfähigkeit der schweizerischen Exportwirtschaft verbesserte oder zumindest die Konsolidierung der Resultate in Schweizer Franken positiv beeinflusste. Die wichtigsten Exportbranchen der Region - die Chemie, die Maschinenindustrie, die Elektrotechnik/Elektronik-Branche und die Kunststoffbranche - verzeichneten daher trotz allem noch Zuwachsraten, welche mehrheitlich über der Teuerungsrate lagen.

In praktisch allen wichtigen Exportmärkten hat sich das Wirtschaftswachstum aber abgeschwächt, in den meisten Ländern stieg die Arbeitslosigkeit ähnlich wie in der Schweiz an. Deutschland und Japan, welche bis vor kurzem noch kräftig gewachsen sind, verspürten vor allem ab 1992 einen deutlichen Rückgang des Wirtschaftswachstums und gerieten ebenfalls in eine rezessive Phase. Einzig die USA scheinen langsam auf dem Weg zur Besserung. Mit einem Produktionszuwachs von nur noch knapp einem Prozent erlebten die Industrieländer insgesamt die schwächste Entwicklung seit mehr als zehn Jahren. Ein derartiger Rückgang ist nach dem jahrelangen Aufschwung zwar nicht ungewöhnlich, wirkt sich aber umso schmerzhafter aus, weil er praktisch in allen wichtigen Exportmärkten nahezu gleichzeitig eingetreten ist.

1991 profitierte die regionale Wirtschaft sowohl vom Aufbau Ostdeutschlands wie von der starken Nachfrage nach Ausrüstungsinvestitionen in Westdeutschland. Die beste Entwicklung erlebte neben der Elektrotechnik/Elektronik-Branche ausnahmsweise die Bekleidungsindustrie. Bei der Maschinenindustrie der Region zeigte sich ein wesentlich besseres Bild als in der übrigen Schweiz, wo die Exporttätigkeit rückläufig war. Dank ihrer hohen Spezialisierung konnten die nordwestschweizerischen Maschinen- und Apparatebauer ihre Wertschöpfung immerhin um 5.7% steigern und damit ein sehr ansprechendes Resultat erzielen. Unterdurchschnittlich gewachsen ist demgegenüber die Chemie, deren Wertschöpfungszuwachs von 4.3% das gesamte Resultat des Industriesektors nach unten drückte.

Trotz allem ist die durch Exporte erwirtschaftete Wertschöpfung 1991 stärker gestiegen als die gesamte Wertschöpfung der Nordwestschweiz (Tab. 5). Dazu beigetragen haben in erster Linie die Dienstleistungsbranchen, welche ihre Märkte ausserhalb der Nordwestschweiz stärker wachsen sahen als den regionalen "Binnenmarkt".

Tab. 5: Entwicklung der Exportwertschöpfung 1990/1991

Branche	Exportwertschöpfung 1991 (Mio. Franken)	Anteil in Prozent	Zuwachs 1990/91 in Prozent
Nahrungsmittel/Getränke	440.7	3.8%	−7.2%
Textil/Bekleidung/Schuhe	72.6	0.6%	1.9%
Graphische Industrie	81.8	0.7%	−19.3%
Chemie	5'454.6	47.4%	4.6%
Steine/Erden	166.4	1.4%	−3.9%
Metallbearbeitung	331.4	2.9%	15.3%
Maschinen/Apparate	591.8	5.1%	5.7%
Elektronik	492.4	4.3%	12.4%
Übrige Industrie	373.9	3.3%	2.4%
Industrie	8'005.6	69.6%	4.2%
Grosshandel	983.1	8.6%	17.5%
Banken	874.8	7.6%	26.1%
Versicherungen	715.3	6.2%	11.8%
Transport/Spedition/Lagerung	290.7	2.5%	−0.1%
Beratung	159.7	1.4%	2.0%
Grossverteiler	1.1	−	6.4%
Übrige Dienstleistungen	61.5	0.5%	5.3%
Dienstleistungen	3'086.2	26.8%	15.3%
Bauhauptgewerbe	32.3	0.3%	6.8%
Ausbaugewerbe	120.9	1.1%	1.8%
Fachhandel	58.3	0.6%	1.4%
Gastgewerbe	73.3	0.6%	−2.1%
Übriges Gewerbe	107.9	0.9%	5.6%
Gewerbe	392.7	3.5%	6.6%
Alle Branchen	11'484.5	100.0%	7.1%

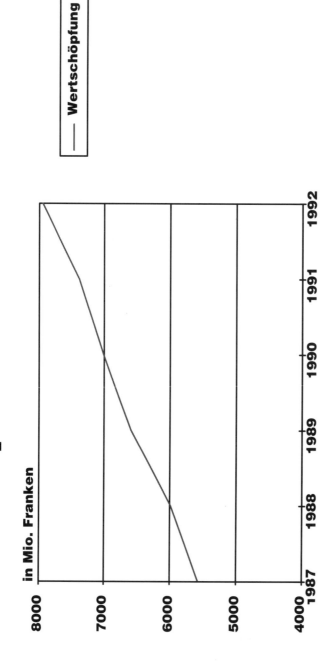

Abb. 5: Entwicklungen in der Exportindustrie 1987-1992

Im Jahre 1992 war in der Exportindustrie der Nordwestschweiz dann eine Entwicklung festzustellen, welche jener in der übrigen Schweiz zuwiderlief. Die deutliche Zunahme der Wertschöpfung in der Exportindustrie war allerdings fast ausschliesslich auf den wieder günstigeren Verlauf in der chemischen Industrie zurückzuführen. Diese hat mit einer Zunahme der Wertschöpfung um 9% im ersten Halbjahr als eine der einzigen Branchen besser abgeschnitten als im Vorjahr.

In allen übrigen Exportbranchen - zu nennen sind die Maschinenindustrie, die Papierindustrie, die Elektrotechnik/Elektronik-Branche, die Kunststoff- und die Uhrenindustrie - war dagegen nach einigen Jahren mit sehr positiver Wirtschaftsentwicklung der markante Konjunkturrückgang in den Industriestaaten ebenso wie das Auslaufen des Investitionsschubs in der Schweiz deutlich festzustellen. Die Uhrenindustrie im Baselbiet erlitt einen eigentlichen Einbruch, die Maschinenindustrie stagniert, die Kunststoffbranche hat die Vorjahreszahlen nicht mehr erreicht und lagert Aktivitäten aus der Region aus. Nur gerade die Elektrotechnik/Elektronik-Branche hat ähnlich gut abgeschnitten wie die Chemie, wenn auch der Zuwachs gegenüber dem Vorjahr kleiner geworden ist.

Die Warenexporte aus der Nordwestschweiz wuchsen entsprechend in allen Branchen ausser der Chemie 1992 weniger stark als im Vorjahr. Vor allem in der zweiten Jahreshälfte haben sie deutlich nachgelassen. Neben der konjunkturellen Flaute in fast allen wichtigen Märkten und dem Abschluss der Lageraufüllungen hat dabei möglicherweise auch die Aufwertung des Schweizer Frankens im Gefolge der europäischen Währungsturbulenzen eine Rolle gespielt.

Ausgefallen sind in hohem Masse auch die *osteuropäischen Märkte*. Der Produktionseinbruch in diesen ehemaligen COMECON-Ländern beträgt gegenüber 1989 mehr als 30%, die Aussichten sind derzeit wenig erfolgversprechend. 1991 reduzierte sich das Inlandsprodukt dieser Länder um 17%, und im darauf folgenden Jahr sah es keineswegs besser aus. Dies hatte auch auf die nordwestschweizerische Industrie Auswirkungen, für welche das Osteuropa-Geschäft in den achtziger Jahren eine gewisse Bedeutung erhalten hatte: noch 1989 stammten knapp 3% des Umsatzes unserer regionalen Industrie aus Verkäufen nach Osteuropa, 1992 waren es weniger als zwei Prozent.

Die grosse Bedeutung der BRD als Absatzmarkt machte sich auch 1992 noch bemerkbar, leider aber in negativem Sinn. Die *Auftragslage* in der Industrie hat sich entsprechend zurückentwickelt und lag bei noch etwa 80%; der *Auftragseingang* befand sich nach wie vor unter dem Vorjahresniveau, was ein deutlicher Hinweis darauf ist, dass die unbefriedigende Situation auch weiterhin anhalten wird.

5.2 Bauwirtschaft

Die *Bauwirtschaft* gibt gesamtschweizerisch zur Zeit am meisten Anlass zu Sorge. Die Bautätigkeit hat deutlich nachgelassen; 1991 nahm das schweizerische Bauvolumen beispielsweise nominell bereits um 2.1% ab, wobei vor allem der Neubau stark betroffen war. Erstmals seit einigen Jahren ist auch der industriell-gewerbliche Bau rückläufig geworden. In der Nordwestschweiz ist die Bauwirtschaft später und weniger stark in Mitleidenschaft gezogen worden. Das gesamte Bauvolumen nahm 1991 noch um drei Prozent zu, da sich vor allem der Tiefbau sehr stark entwickelte (+25.2%). Im Kanton Baselland nahm sogar das Hochbauvolumen noch zu, in der Stadt Basel war diesbezüglich bereits ein Rückgang festzustellen, welcher

Abb. 6: Entwicklung des Bauvolumens 1987-1992

im Vergleich zu den anderen grossen Schweizer Städten infolge eines drastischen Niedergangs des Wohnungsbaus besonders ausgeprägt war. 1992 musste dann die regionale Bauwirtschaft als Ganzes ein niedrigeres Volumen in Kauf nehmen. Sowohl der Hoch- als auch der Tiefbau entwickelten sich rückläufig.

Die Ursachen für die Krise in der Bauwirtschaft liegen ebensosehr in strukturellen als auch in konjunkturellen Entwicklungen. Zum einen ist in der jüngsten Vergangenheit im industriell-gewerblichen Sektor massiv investiert worden, sei es aufgrund von Umweltschutzvorschriften, sei es zur Kapazitätserweiterung. Diese Phase ist nun vorläufig zum Abschluss gekommen, was eigentlich nicht überraschen dürfte. Zum anderen ist angesichts der immer noch hohen Zinsen und der nach wie vor unbefriedigenden rechtlichen Lage der Wohnungsbau weder für Private noch für institutionelle Anleger derzeit besonders reizvoll. Es war daher schon 1991 die öffentliche Hand, welche als Stütze der Baukonjunktur wirkte, und sie war es auch im Jahr darauf noch.

Für die nähere Zukunft ist in der Bauwirtschaft aus konjunkturellen Gründen kaum eine Erholung zu erwarten; die Finanzprobleme der öffentlichen Hand könnten sogar eher eine weitere Vertiefung der Probleme auslösen, wenn geplante Investitionen gekürzt oder zeitlich hinausgeschoben werden, wie dies derzeit hier und dort festgestellt werden kann.

5.3 Handel

Im Laufe des Jahres 1990 begann sich die Stimmung bei den Konsumenten zu verschlechtern; sie sank von Quartal zu Quartal immer stärker und hatte den Tiefstpunkt Ende 1992 noch nicht erreicht. Angst vor dem Verlust des Arbeitsplatzes und eine pessimistische Beurteilung der Entwicklungsmöglichkeiten für die Wirtschaft waren die hauptsächlichen Ursachen dafür. Die Haushaltseinkommen sind deshalb allerdings nicht kleiner geworden: entsprechend hat 1991 und bis weit ins Jahr 1992 hinein der *Detailhandelsumsatz* in der Region noch kaum gelitten. 1991 stieg die vom Detailhandel erarbeitete Wertschöpfung noch um 3.6%, im folgenden Jahr allerdings nur noch um 1.3%. Die Versorgung mit Produkten des täglichen Bedarfs blieb dabei relativ konjunkturresistent. Was immer stärker spürbar wurde, ist die Zurückhaltung bei der Beschaffung dauerhafter Konsumgüter.

Im Grosshandel trugen die positiven Entwicklungen im Brennstoffhandel und bei den konsumnahen Branchen massgeblich dazu bei, dass die Gesamtentwicklung überdurchschnittlich ausfiel. Der Investitionsgüterhandel und der baunahe Grosshandel mussten demgegenüber jeweils einen Rückgang ihrer Wertschöpfung in Kauf nehmen.

5.4 Finanzsektor

Zum Finanzsektor werden neben den Banken und Finanzgesellschaften auch die Versicherungen gerechnet. Alle drei Branchen haben in den letzten Jahren bezüglich Wertschöpfungsentwicklung sehr positiv abgeschlossen. 1991 stieg die Wertschöpfung des Finanzsektors dank der Entwicklung bei den Banken sogar um knapp 20%, was massgeblich dazu beigetragen hat, dass die regionale Wirtschaft insgesamt ein nicht allzu schlechtes Resultat vorweisen konnte. 1992 war die Entwicklung dann deutlich weniger stark; mit einer Wertschöpfungszunahme um 7.3%

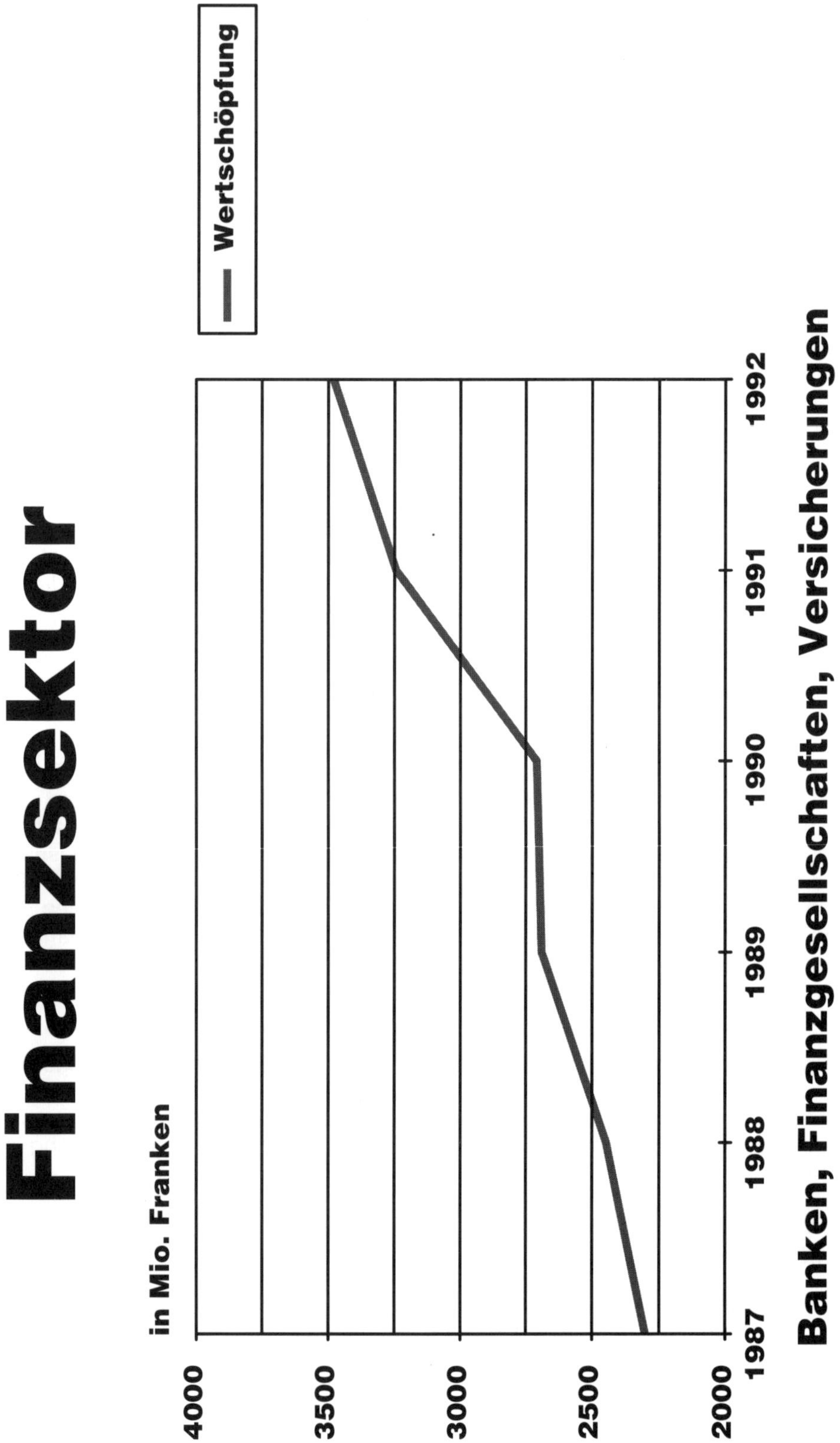

Finanzsektor
in Mio. Franken
Wertschöpfung
4000
3500
3000
2500
2000
1987
1988
1989
1990
1991
1992
Banken, Finanzgesellschaften, Versicherungen

Abb. 7: Entwicklung des Finanzsektors 1987-1992

gehörte der Finanzsektor aber wie die Exportwirtschaft zu jenen Teilen der regionalen Wirtschaft, welche selbst unter den aktuell schwierigen Rahmenbedingungen noch prosperierten.

Das gute operationelle Ergebnis der Banken in den letzten beiden Jahren ist auf eine Kombination von internen Strukturverbesserungen und Marktentwicklungen zurückzuführen. Beides hat letztlich zu einer Ertragsverbesserung geführt. Im Zinsengeschäft hat sich zum Beispiel dank der Erhöhung der Passivzinssätze und dank günstigen Entwicklungen im Ausland eine Margenverbesserung ergeben; etliche regionale Banken haben zudem auch das Volumen ihrer Ausleihungen trotz Rezession erhöhen können. Neben dem Zinsengeschäft trugen auch die Erträge aus dem Wertschriften- und dem Devisengeschäft markant zum guten Ergebnis bei und selbst der Kommissionertrag vergrösserte sich trotz einem im Vergleich zu früheren Jahren eher flauen Geschäftsgang an den Börsen.

Dem steht der markant gestiegene Abschreibungs- und Rückstellungsbedarf gegenüber, der allerdings vor allem für die Korrektur von Fehlbeurteilungen in der Vergangenheit notwendig wurde: 1991 wurden die Rückstellungen in den regionalen Banken um rund 140% erhöht, während sich die laufenden Kosten im Schnitt um 12% vergrösserten. Darin spiegeln sich die Problematik des Immobiliensektors, aber auch die konjunkturbedingten Risiken im kommerziellen Geschäft.

Bei den Versicherungen haben sich die Prämienerträge weiterhin positiv entwickelt, im Nicht-Lebens-Bereich allerdings schwächer als früher. 1992 wirkten sich dann die Investitionsflaute, die schwache Konsumneigung und die Absatzschwierigkeiten vieler Branchen ebenfalls negativ aus: die Prämienerträge wuchsen zwar nach wie vor, aber nur noch etwa halb so stark wie im Jahr zuvor. Bei den Lebensversicherungen ist die Entwicklung allerdings nach wie vor besser als bei den technischen Versicherungen. Die zu bezahlenden Leistungen haben in beiden Versicherungsbereichen wiederum stärker zugenommen als die Prämieneinnahmen, so dass die Bruttoerträge weniger stark gewachsen sind als in früheren Jahren. Dank der sehr guten Erträge aus den Kapitalanlagen gehörten die Versicherungen aber sowohl 1991 wie auch 1992 zu den prosperierenden Branchen.

Das Jahr 1992 brachte dem Finanzsektor einige positive Impulse: die Reduktion der Stempelsteuern hat die Attraktivität des Finanzplatzes Schweiz wieder etwas verbessert, die Krise im EWS hat die Bedeutung des Schweizer Frankens als sichere Anlage wieder ins Bewusstsein gebracht. Im Herbst 1992 konnten die Banken daher teilweise erhebliche Gewinne realisieren. Ab Mitte Jahr begannen schliesslich die Zinsen langsam wieder zu sinken, ermöglicht unter anderem dank einem Rückgang der Teuerung. Die bisherige inverse Zinsstruktur kehrte sich ins Normale, in grossem Ausmass wurden kurzfristige Gelder wieder längerfristig angelegt und auch der schweizerische Aktienmarkt reagierte positiv oder wurde zumindest nicht so stark von den ausländischen Einflüssen in Mitleidenschaft gezogen. Die Ungewissheit über den Ausgang der EWR-Abstimmung wirkte sich aber trotzdem dämpfend aus, obschon in den ersten Tagen nach der Abstimmung sogar einige Kursgewinne verzeichnet werden konnten.

5.5 Verkehrswirtschaft

1991 führte die noch günstige Verkehrsentwicklung der ersten Jahreshälfte dazu, dass die Verkehrswirtschaft insgesamt recht positive Werte erreichen konnte. Für die *Tankschiffahrt* resultierte ein sehr gutes Jahr mit mehr als kostendeckenden Frachtraten, nicht zuletzt dank der erfolgreichen Abwrackaktion auf dem Rhein in den Jahren zuvor. Die *Trockenschiffahrt* litt demgegenüber bereits unter der rückläufigen Nachfrage; der Umschlag in den Basler Rheinhäfen bildete sich beispielsweise um 9% zurück. Nach wie vor zunehmend ist einzig der Containerverkehr.

Bis ins Jahr 1991 hinein profitierte die Region noch vom Ausbau des Stützpunkts Basel durch eine Gesellschaft in der *Luftfahrt*; seit 1992 nimmt nun aber sowohl die Beschäftigung als auch die erwirtschaftete Leistung im Luftverkehr ab. Infolge des rückläufigen Geschäftsreiseverkehrs und wegen des immer stärker werdenden Preiskampfes in einem zunehmend deregulierten Markt vermochten die Erträge mit der Kostenentwicklung nicht mehr Schritt zu halten. Die vorgesehenen Restrukturierungen in der schweizerischen Luftfahrt und die vom EG-Binnenmarkt zu erwartenden Effekte dürften für die nächste Zukunft kaum zu einer Zunahme der Bedeutung dieser Branche in unserer Region führen.

In der *Spedition* war die Entwicklung im Jahre 1991 verhalten, im folgenden Jahr dagegen wieder etwas besser. Der Rückgang des Aussenhandels - bei den Importen um 1.6 Prozent, bei den Exporten um 0.4 Prozent - schlug sich in den Ergebnissen dieser Branche nieder, welche Verkehrsleistungen in der Regel nicht selbst erbringt, sondern deren Durchführung organisiert und die administrativen Abwicklungen übernimmt. Trotz einer Reduktion des Personalbestands um gut vier Prozent und einem weiteren Rückgang der Importe konnte 1992 die erarbeitete Wertschöpfung aber wieder um über 5% gesteigert werden, was zu spürbar besseren Unternehmungsresultaten führen dürfte. Ähnliches gilt auch für die *Lagerhäuser*, deren Geschäftsergebnisse 1992 deutlich besser ausfallen sollten als im vergangenen Jahr.

1992 fiel für die Verkehrswirtschaft von den wirtschaftlichen Ergebnissen her insgesamt wenig befriedigend aus. Insbesondere die Transportbranche hat unter niedrigen Preisen und rückläufigen Transportmengen gelitten. Sowohl der Luftverkehr als auch die Binnenschiffahrt haben einen Wertschöpfungsrückgang erlebt; die Strassentransporteure konnten zwar nominell gesehen noch einen leichten Zuwachs verzeichnen, schnitten real aber ebenfalls schlechter ab als im Vorjahr. Einzig die Spediteure und die Lagerhäuser entwickelten sich 1992 besser als im Vorjahr. Die Wertschöpfungssteigerung bei den öffentlichen Verkehrsbetrieben ist demgegenüber mit gemischten Gefühlen zu betrachten, ist sie doch nicht durch entsprechende Marktleistungen, sondern durch den Zuschuss von höheren Bundesmitteln bewerkstelligt worden.

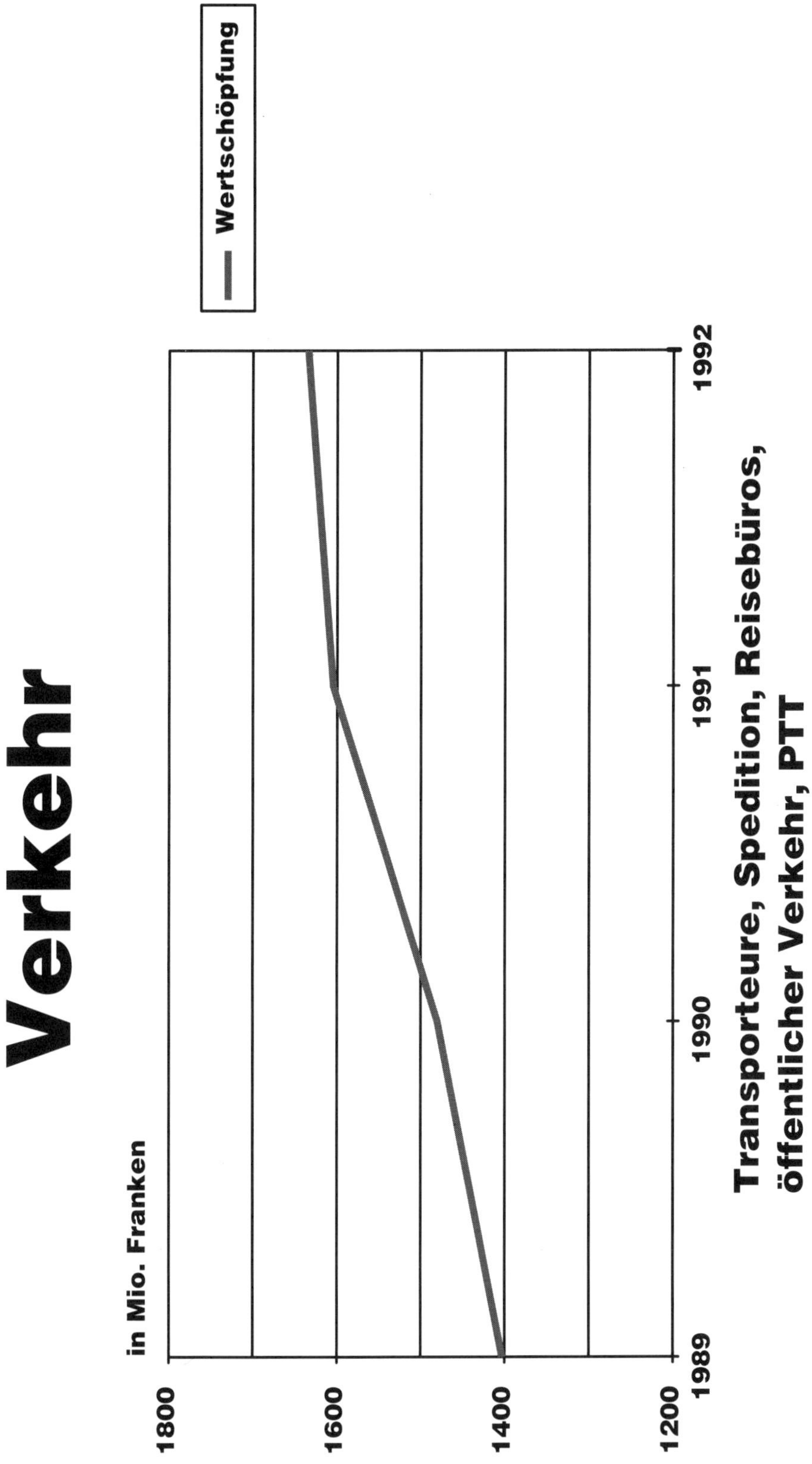
Verkehr
in Mio. Franken
Wertschöpfung
1800
1600
1400
1200
1989
1990
1991
1992
Transporteure, Spedition, Reisebüros,
öffentlicher Verkehr, PTT

Abb. 8: Entwicklungen in der Verkehrswirtschaft, 1989-1992

6. Entwicklung der Teilräume

In der Aufteilung der gesamten regionalen Ergebnisse nach Teilregionen müssen gegenüber den letztjährigen Aussagen einige Korrekturen gemacht werden. Die Ergebnisse der Betriebszählung 91 zeigten nämlich, dass die innerregionalen Verschiebungen deutlicher gewesen sind, als bisher ausgewiesen. Insbesondere der Kanton Baselland, aber auch das Fricktal sind wirtschaftlich gesehen deutlich stärker gewachsen als der Kanton Basel-Stadt. Im Laufental/Thierstein/Dorneck war die Entwicklung dagegen verhalten. Die Anteile der einzelnen Teilregionen an der Zahl der Vollarbeitsplätze und der Beschäftigten sind in Tab. 6 dargestellt.

Tab. 6: Anteile der Teilregionen an den Vollarbeitsplätzen und der Wertschöpfung, in Prozent

Teilregion	Vollarbeitsplätze 1991	Wertschöpfung 1991
Basel-Stadt	52.6%	56.3%
Basel-Landschaft	34.0%	31.9%
Übrige Nordwestschweiz	13.4%	11.8%
TOTAL Nordwestschweiz	100.0%	100.0%

7. Entwicklungstendenzen 1992

Im Jahre 1992 verschlechterten sich praktisch sämtliche wirtschaftlichen Kennziffern ausser der Inflationsrate, welche laufend sank und Ende 1992 einen Stand von rund vier Prozent erreichte.

In der ersten Jahreshälfte reduzierte sich vor allem die inländische Nachfrage, insbesondere im Baubereich. Bis in den Sommer hinein entwickelte sich demgegenüber die Konsumnachfrage noch positiv, begann aber dann ebenfalls nachzulassen.

Überdurchschnittlich dürfte sich der *Industriesektor* entwickeln, und zwar ausschliesslich dank der Entwicklung in der Chemie und in der Getränkebranche. Ohne Chemie hätte der Industriesektor der Nordwestschweiz nur gerade ein Wachstum von nominell 1.3% erreicht, d.h. hätte sich real um knapp drei Prozent zurückgebildet. Der Auftragseingang war vor allem in der Maschinenindustrie, bei den Druckereien und in der Holzbranche unbefriedigend; die Arbeitsvorräte lagen deutlich unter den Vorjahreswerten.

Gut abgeschnitten hat erneut der *Dienstleistungssektor*. Trotz erheblich gestiegenem Abschreibungsbedarf haben die Banken ebenso wie die Versicherungen operativ gesehen ein zufriedenstellendes Jahr hinter sich. Die Beratungsbranche war zur Bewältigung schwieriger gewordener Situationen und zur Anpassung an neue schweizerische und europäische Entwicklungen intensiv gefordert und konnte ihr Ergebnis um gut 10% steigern. Der Grosshandel in der Nordwestschweiz konnte im Gegensatz zur gesamtschweizerischen Entwicklung ebenfalls eine deutliche Wertschöpfungssteigerung erzielen.

Einzige Ausnahme im Dienstleistungssektor bildet die Verkehrswirtschaft, deren Wertschöpfung sich negativ entwickelt hat, nachdem sie noch 1991 zu den prosperierenden Branchen gehört hatte.

Kaum erstaunen dürfte der Rückgang im *Gewerbe*, wo nur der Fachhandel und das Ausbaugewerbe nominell die Vorjahresergebnisse erreichen konnten. Real gesehen haben sämtliche Branchen an Boden verloren, am stärksten das Gastgewerbe.

Deutliches Zeichen der Rezession 1991/92 ist auch die Entwicklung der Zahlungsbereitschaft und die Zunahme der Zahl der Konkurse, welche 1991 um 35%, 1992 um weitere 40% stieg. Viele Firmenzusammenbrüche waren dabei nicht einmal durch den Verlauf des operativen Geschäfts bedingt, sondern rührten aus Schwierigkeiten in der Finanzierung oder der zu hohen Belastung der Immobilien. Betroffen davon waren insbesondere junge Firmen, welche ihren Einstieg in den Markt in einem starken Ausmass fremdfinanziert hatten.

Für die erste Jahreshälfte 1992 resultierte bei einem nominellen Wachstum der Gesamtwirtschaft von 4.1% real ein leichter Rückgang des Netto-Inlandprodukts. In der zweiten Jahreshälfte war die Entwicklung nochmals schwächer: die erarbeitete Wertschöpfung kommt 1992 insgesamt daher real mindestens etwa ein halbes Prozent unter den letztjährigen Wert zu liegen. Seit 1990 hat die nordwestschweizerische Wirtschaft damit effektiv über ein Prozent an Volkseinkommen verloren, obschon sie nominell gerechnet um beinahe zehn Prozent gewachsen ist.

8. Weitere Entwicklung

Traditionellerweise macht die Wirtschaftsstudie Nordwestschweiz keine Prognosen, sondern beschränkt sich auf die Analyse der Situation und das Herausarbeiten von Stärken und Schwächen der regionalen Wirtschaft.

Unmittelbar nach der Vollendung des EG-Binnenmarktes vor der "Haustüre" und kurz nach dem knappen Entscheid der Schweizer Stimmbürger, dass unser Land dem EWR nicht beitreten soll, stellt sich aber grundsätzlich die Frage nach den Zukunftsaussichten dieser regionalen Wirtschaft. Im Abstimmungskampf sind ja bekanntlich Szenarien entwickelt worden, die kaum gegensätzlicher sein könnten.

Bei den folgenden Überlegungen ist klar zu unterscheiden zwischen den kurzfristigen, in erster Linie konjunkturell bedingten Entwicklungstendenzen des kommenden Jahres und den mittel- bis längerfristig wirksam werdenden Effekten des EWR auf den Standort Nordwestschweiz.

8.1 Kurzfristige Entwicklung

In der *Exportwirtschaft* dürfte angesichts der rezessiven Tendenzen in fast allen wichtigen Industrieländern vor allem für die Investitionsgüterindustrie wenig Anlass zu Euphorie bestehen. Die Abhängigkeit von der Entwicklung in der BRD schlägt weiterhin negativ zu Buche. Die positiven Entwicklungstrends in der Chemie werden aber auch im Jahr 1993 die Ergebnisse der regionalen Exportwirtschaft stützen.

Im *Dienstleistungssektor* dürfte die Entwicklung nach wie vor zufriedenstellend verlaufen, infolge von Produktivitätssteigerungen aber wenig Beschäftigungswirkung haben.

Für die nähere Zukunft zeichnet sich weder in der *Bauwirtschaft* noch im *Detailhandel* eine Verbesserung ab. Angesichts der nach wie vor hohen Zinsen und der grossen Zahl der Arbeitslosen steigt weder die Neigung zum Wohnungs- und Einfamilienhausbau, noch die Konsumfreude.

Im ganzen ist für die wirtschaftliche Entwicklung der Nordwestschweiz aufgrund dieser Tendenzen für das Jahr 1993 mit einer Fortsetzung der bisher zu beobachtenden Stagnation zu rechnen, wobei sich die einzelnen Sektoren nach wie vor unterschiedlich entwickeln.

8.2 Mittelfristige Entwicklung

Auf mittlere und längere Frist werden darüber hinaus die Folgen der EWR-Abstimmung vom 6.12.1992 wohl immer stärker spürbar.

Die Ablehnung des EWR-Vertrags bewirkt zwar keine Abkoppelung der Schweiz im Sinne von "Isolation". Weder werden neue Zölle erhoben, noch zusätzliche Handelsbarrieren errichtet, und der Zugang zum Binnenmarkt gestaltet sich nicht wesentlich anders als bisher der Zugang zu den achtzehn einzelnen Märkten. Zudem bleibt es schweizerischen Firmen unbenommen, für den Export nach EG-Normen zu produzieren, falls nicht ohnehin schon von den europäischen Normenverbänden (in denen auch die Schweizer Industrie Einsitz hat) generell gültige Normen geschaffen worden sind oder es noch werden.

Die Fortsetzung der heute geltenden Regelungen führt jedoch im Vergleich zu den Entwicklungen *innerhalb* des Binnenmarktes zu einer laufend weniger vorteilhaften Situation. Die im Binnenmarkt realisierten Wettbewerbsverbesserungen werden nicht und die aus der erwarteten grösseren Dynamik resultierende Zusatznachfrage wird nur zum Teil auf den Standort Schweiz durchschlagen, selbst wenn es gelingt, in der Schweiz in erheblichem Ausmass Verbesserungen hinsichtlich der Standortbedingungen zu erzielen.

Das Abseitsstehen der Schweiz verstärkt die bereits heute bestehenden Standortnachteile der Schweiz somit um eine weitere Komponente. Dies dürfte in den kommenden Jahren vermehrt dazu führen, dass die Exportwirtschaft Betriebsteile in die EG verlagert, rsp. dass die dort bereits vorhandenen Stützpunkte auf Kosten der in der Schweiz verbleibenden Teile stärker gefördert werden. Noch stärker als heute dürften auch Direktimporte getätigt werden, um so Preisvorteile in der Beschaffung realisieren zu können.

Betriebsverlagerungen bedeuten aber Umsatzeinbussen und Arbeitsplatzreduktionen für den Standort Nordwestschweiz, Investitionsverschiebungen und veränderte Beschaffungsstrategien bedeuten zumindest geringere Zuwachsraten für die Gesamtwirtschaft und eine rückläufige innerregionale Nachfrage. Dies hat Konsequenzen auch auf die Zulieferbetriebe und das regionale Gewerbe: jeder Franken, den die Exportwirtschaft in der Nordwestschweiz weniger einnimmt, führt auch in der "derivativen Wirtschaft" zu einem Umsatzausfall von zehn bis fünfzehn Rappen.

Auch wenn sich die Standortbedingungen in der Schweiz beim Fernbleiben vom EWR objektiv nicht verändern, werden die individuellen Reaktionen vieler einzelner Unternehmungen dazu führen, dass die wirtschaftliche Dynamik am Standort Schweiz und damit auch in der Nordwestschweiz nachlässt. Die Schweiz braucht nach ihrem negativen EWR-Entscheid von niemandem diskriminiert zu werden, durch ihr Abseitsstehen ist sie es bereits automatisch.

Für die *nächsten zwei, drei Jahre* dürfte daher bereits eine gewisse Umsatz- und Wertschöpfungseinbusse in der Region zu erwarten sein.

Auf *längere Frist* akzentuieren sich bei einem weiteren Abseitsstehen die Verlagerungstendenzen; die Exportwirtschaft erzielt deutlich geringere Erträge am Standort Nordwestschweiz und gibt entsprechend weniger Impulse an die innerregionale Wirtschaft. Der Abbau von Arbeitsplätzen und der Rückgang der Abgaben an die öffentliche Hand lassen die Nachfrage der öffentlichen und privaten Haushalte ebenfalls geringer ausfallen, so dass im ganzen die innerregionale Nachfrage in der Nordwestschweiz noch stärker zurückgeht als die Exporterlöse. Dies führt zu einer deutlicher werdenden *Wertschöpfungslücke* und einer negativen *Entwicklungstendenz*.

Neben einem internen *Programm* zur Verbesserung der Attraktivität des Wirtschaftsstandorts Schweiz wird daher in jedem Fall eine *Neuregelung unseres Verhältnisses zum EWR* vorzunehmen, allenfalls ein erneuter Anlauf zum Beitritt zu machen sein. Dass diese Neuregelung nicht zu besseren Bedingungen erfolgen wird, als sie im nun abgelehnten EWR-Vertrag vorgesehen waren, dürfte jedem klar sein. In den folgenden Monaten geht es aber nicht mehr darum, die beste Lösung zu suchen, sondern den angerichteten Schaden so gut als möglich zu begrenzen.

Tab. 7: Arbeitsplätze, Wertschöpfung pro Arbeitsplatz und Personalkosten pro Arbeitsplatz 1990/91

Branche	Vollarbeitsplätze 1991	Veränderung 90/91 in %	Wertschöpfung/ Arbeitsplatz 1991 in Fr.	Veränderung 90/91 in %	Personalkosten/ Arbeitsplatz 1991 in Fr.	Veränderung 90/91 in %
Nahrungsmittel/Getränke	5'286	-0.5%	113'900.-	-1.3%	64'200.-	13.0%
Graphische Industrie	4'075	1.1%	89'200.-	-1.7%	63'200.-	0.2%
Chemie	38'103	-3.6%	146'800.-	8.2%	100'400.-	7.1%
Steine/Erden	2'752	-3.5%	84'000.-	5.9%	61'400.-	6.5%
Metallbearbeitung	5'256	-2.4%	89'100.-	12.0%	68'000.-	11.0%
Maschinen/Apparate/Elektronik	13'720	1.9%	98'300.-	7.0%	77'500.-	4.3%
Übrige Industrie	9'200	-0.4%	94'700.-	5.3%	68'200.-	4.3%
INDUSTRIE	78'392	-1.8%	120'900.-	6.4%	84'700.-	6.3%
Grosshandel	8'882	3.7%	159'300.-	4.8%	84'000.-	5.9%
Banken	9'763	0.8%	227'400.-	22.5%	97'900.-	11.1%
Versicherungen	6'124	3.4%	142'600.-	7.6%	97'000.-	6.7%
Transport/Spedition/Lagerung	8'254	1.3%	77'400.-	9.3%	65'800.-	7.9%
Beratung	3'318	-2.3%	124'400.-	3.8%	101'000.-	9.1%
Grossverteiler/Warenhäuser	8'536	0.2%	64'800.-	7.0%	48'300.-	5.3%
Übrige Dienstleistungen	19'212	3.1%	77'300.-	-0.3%	72'700.-	9.0%
DIENSTLEISTUNGEN	64'089	1.9%	118'500.-	9.2%	77'800.-	8.2%
Bauhauptgewerbe	14'878	-2.6%	72'300.-	9.7%	67'100.-	13.0%
Ausbaugewerbe	20'535	0.0%	73'600.-	1.8%	68'300.-	6.7%
Fachhandel	14'502	0.4%	59'200.-	0.9%	52'000.-	6.8%
Gastgewerbe	12'231	-1.6%	53'000.-	-0.6%	43'900.-	7.1%
Übriges Gewerbe	39'093	0.8%	78'800.-	3.4%	67'900.-	4.5%
GEWERBE	101'239	-0.3%	70'900.-	3.4%	62'700.-	6.8%
ÖFFENTLICHE HAND	41'070	2.3%	84'400.-	0.0%	93'900.-	10.2%
LANDWIRTSCHAFT	5'708	-1.0%	45'600.-	1.7%	–	
NORDWESTSCHWEIZ	290'498	0.1%	96'300.-	5.4%	76'700.-	7.6%

Tab. 8: Wertschöpfung, Exportwertschöpfung und Personalkosten 1990/91

Branche	Wertschöpfung 1991	Veränderung 90/91 in %	Exportwertschöpfung 1991	Veränderung 90/91 in %	Personalkosten 1991	Veränderung 90/91 in %
Nahrungsmittel/Getränke	602.1	-1.7%	440.7	-7.2%	339.2	12.5%
Graphische Industrie	363.7	-0.7%	81.8	-19.3%	257.7	1.3%
Chemie	5'594.4	4.3%	5'454.6	4.6%	3'824.2	3.2%
Steine/Erden	231.1	2.2%	166.4	-3.9%	168.8	2.7%
Metallbearbeitung	468.1	9.3%	331.4	15.3%	357.5	8.3%
Maschinen/Apparate/Elektronik	1'348.7	9.0%	1'084.2	8.8%	1'063.1	6.3%
Übrige Industrie	870.8	4.9%	446.5	2.4%	627.7	4.0%
INDUSTRIE	9'478.9	4.6%	8'005.6	4.2%	6'638.1	4.4%
Grosshandel	1'414.6	8.7%	983.1	17.5%	746.5	9.9%
Banken	2'220.4	23.5%	874.8	26.1%	955.4	12.1%
Versicherungen	873.4	11.3%	715.3	11.8%	593.9	10.3%
Transport/Spedition/Lagerung	638.9	10.8%	290.7	-0.1%	543.2	9.4%
Beratung	412.6	1.4%	159.7	2.0%	335.0	6.5%
Grossverteiler/Warenhäuser	552.8	7.2%	1.1	6.4%	412.0	5.6%
Übrige Dienstleistungen	1'484.3	2.8%	61.5	5.3%	1'397.0	12.3%
DIENSTLEISTUNGEN	7'597.0	11.3%	3'086.2	15.3%	4'983.0	10.3%
Bauhauptgewerbe	1'075.1	6.8%	32.3	6.8%	998.4	10.0%
Ausbaugewerbe	1'511.8	1.8%	120.9	1.8%	1'401.9	6.7%
Fachhandel	857.9	1.3%	58.3	1.4%	753.5	7.2%
Gastgewerbe	648.2	-2.1%	73.3	-2.1%	536.8	5.4%
Übriges Gewerbe	3'081.5	4.2%	107.9	5.6%	2'655.2	5.3%
GEWERBE	7'174.5	3.1%	392.7	6.6%	6'345.9	6.6%
ÖFFENTLICHE HAND	3'466.7	2.2%	0.0	–	3'855.3	12.7%
LANDWIRTSCHAFT	260.0	0.7%	0.0	–	–	–
NORDWESTSCHWEIZ	27'977.1	5.6%	11'484.5	7.1%	21'822.3	7.8%

33

Teil II

Die Entwicklung 1991/92 in der Industrie

Lic. rer. pol. Peter Grieder MBA

1. Gesamtergebnisse 1991

2. Nahrungsmittel und Getränke

3. Graphische Industrie

4. Chemie

5. Steine/Erden

6. Maschinen/Apparate/Elektronik

7. Metallbearbeitung

8. Übrige Industrie

9. Entwicklungstendenzen 1992

1. Gesamtergebnisse 1991

So abgedroschen es klingen mag, das Berichtsjahr 1991 dokumentierte wieder einmal die Erscheinungen, die wir in unseren früheren Studien beschrieben hatten: Die zunehmende Tertiarisierung (d.h. die stärker werdenden Leistungen des Dienstleistungssektors) und die Dominanz der chemischen Industrie. Zum ersteren ist festzuhalten, dass der Industriesektor 1991 - besonders gemessen am Dienstleistungssektor - ein bescheidenes Ergebnis erreichte. Die Wertschöpfung wuchs lediglich um 4.6%, real gesehen also gar nicht. Rund 2% der Arbeitsplätze mussten abgebaut werden und die Arbeitsproduktivität erhöhte sich kaum mehr als die Personalkosten pro Vollarbeitsplatz (6.4% resp. 6.3%). Als geringer Trost bleibt, dass die Dienstleister einen noch wesentlich schärferen Anstieg der Personalkosten hinnehmen mussten. Zum zweiten, der Dominanz der Chemie, ergibt sich die Feststellung, dass ohne ihre durch Exporterfolge erzielten Resultate die Ergebnisse des Industriesektors noch wesentlich bescheidener ausgefallen wären. Der Anstieg von 4.6% bei der Wertschöpfung nimmt sich zwar ebenfalls durchschnittlich aus. Dadurch aber, dass 1.8% der Vollarbeitsplätze abgebaut wurden, ergab sich ein markanter Anstieg der Arbeitsproduktivität, der zwar zu einem grossen Teil, aber doch nicht vollumfänglich, für höhere Personalkosten aufgewendet werden musste. Es verblieb somit ein zusätzliches Plus bei Cash-flow und Gewinn. Ansonsten verspürte der Industriesektor 1991 das Einsetzen der Rezession. Besonders die baunahen Branchen (z.B. Holzindustrie) und jene, welche auf hohe Kapazitätsauslastungen angewiesen sind (z.B. graphische Industrie), bekundeten Mühe. Da die Inlandnachfrage kaum stimulierend wirkte, musste zur Erzielung der Unternehmenserfolge auf die Exporte abgestützt werden. Und diese waren angesichts der hohen Inflation in der Schweiz, der Wechselkursdifferenzen und der nachlassenden Nachfrage in der BRD nicht eben leicht zu erreichen. Umso höher sind die erzielten Erfolge in der Branche Maschinen und Elektronik einzuschätzen. In gewissen Branchen ergaben sich auch grössere Umstrukturierungen, so z.B. in der Nahrungs- und Genussmittelindustrie.

Zusammenfassend lässt sich das Wirtschaftsjahr 1991 des Industriesektors als eines der schwächeren und mit Zwiespältigkeiten behafteten charakterisieren:

- Es gab starke Differenzen in den Ergebnissen zwischen den einzelnen Branchen.

- Auch innerhalb der Branchen erzielten die Unternehmen zum Teil stark unterschiedliche Resultate.

- Produktivitätsfortschritte konnten fast nur durch Personalabbau erzielt werden, gleichzeitig erhöhten sich aber die Personalkosten in gleichem Umfang.

- Die hohen Zinskosten belasteten insbesondere die kapitalintensiven Branchen, was diese an weiteren Investitionen hinderte und somit einen Nachfragerückgang auslöste.

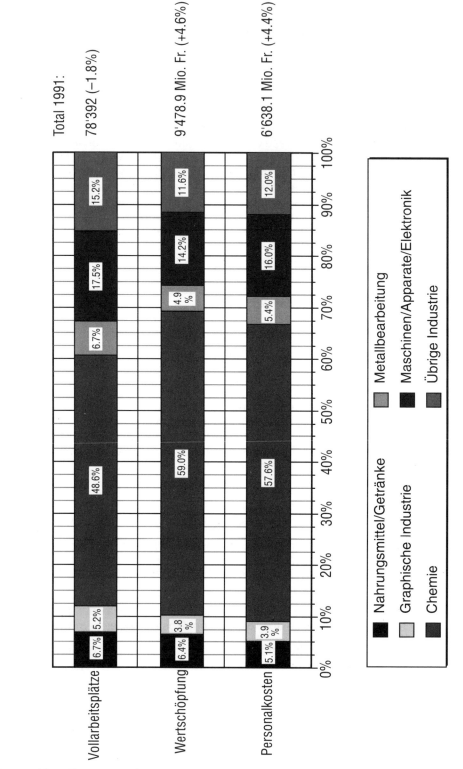

Abb. 1: Verteilung 1991 in der Industrie

2. Nahrungsmittel und Getränke

Arbeitsplätze 1990/91	5'286	(− 0.5 %)
Arbeitsplätze 1991/92	5'317	(+ 0.6 %)
Wertschöpfung 1991	602.1 Mio. Franken	(− 1.7 %)
Personalkosten 1991	339.2 Mio. Franken	(+12.5 %)
Exportwertschöpfung 1991	440.7 Mio. Franken	(− 7.2 %)
Wertschöpfung pro Arbeitsplatz 1991	Fr. 113'900.−	(− 1.3 %)
Personalkosten pro Arbeitsplatz 1991	Fr. 64'200.−	(+13.0 %)

Die Nahrungsmittel- und Getränkeindustrie gerät zunehmend in Turbulenzen. Die obgenannten Zahlen widerspiegeln zum Teil diese Entwicklung. Die Wertschöpfung reduzierte sich sogar nominell um ca. 2%, die Personalkosten stiegen sprunghaft um 13% und die Arbeitsproduktivität konnte ebenfalls nicht gesteigert werden. Diese Werte allein als betriebswirtschaftliches Ergebnis zu interpretieren wäre jedoch falsch. Erstens ergeben sich durch das Boomjahr 1990 (in welchem auch zahlreiche Fremderträge in die Wertschöpfungsergebnisse einflossen) statistische Verzerrungen, zweitens hatten die im Berichtsjahr 1991 stattfindenden Fusionen und Strukturbereinigungen in beiden Branchen zur Folge, dass die nordwestschweizerischen Unternehmensaktivitäten anders abgegrenzt wurden. Der leichte Rückgang bei der Zahl der Arbeitsplätze sowie der geringere Umfang der Exportwertschöpfung scheinen darauf hinzudeuten. Gleichwohl ist natürlich festzustellen, dass erstens beachtliche Teile der Nahrungsmittel- und Getränkeindustrie durch formelle Restriktionen gehindert sind, sich (auch international) frei zu entfalten und zweitens vor allem im Bereich der Basisprodukte die Nachfrage in einer Wohlstandsgesellschaft mit steigenden Einkommen relativ eher stagniert. So kommt es auch, dass die Gewinne und Cash-flows nicht überall ein befriedigendes Niveau erreichten. Gerade in Zeiten, in welchen die Unternehmen Mittel für strategische Neuausrichtungen im In- und Ausland benötigen, ist der durchschnittliche Rückgang der Eigenfinanzierungskraft unerfreulich. Ein differenziertes Bild ergibt sich bei der Betrachtung der einzelnen Subbranchen.

Die in der Nordwestschweiz domizilierten *Nahrungsmittelhersteller* vermochten mehrheitlich ansprechende Resultate erzielen. Bei den Herstellern von homogenen Basisprodukten kamen die früher getätigten Sortimentsstraffungen und Rationalisierungsmassnahmen zum Tragen, so dass dem hier und dort auftretenden Preisdruck mit Stückkostensenkungen begegnet werden konnte. Eine andere ebenfalls erfolgreiche Strategie verhalf den Herstellern von Markenartikeln zum Erfolg. Sie behielten im wesentlichen ihre breitere Produktepalette bei, erzeugten jedoch mit aktivem Marketing bei den einzelnen Artikeln und einer Stärkung der Gesamtfirmenimages eine Stimulierung der Nachfrage. Die früher befürchtete stärkere Konkurrenzierung durch Tiefkühlkost und auch eine raschen Zunahme der Mikrowellenerzeugnisse blieben (noch) aus. Hingegen stieg der Importdruck in gewissen Güterkategorien im Gefolge der vergangenen und noch zu erwartenden Liberalisierung im internationalen Handel. Die Zuckerwaren- und Schokoladehersteller, die längst auch zuckerlose Sorten in ihrem Sortiment führen, vermochten die von ihnen belieferten Märkte und Marktnischen weiterhin zufriedenstellend zu beliefern.

Härtere Zeiten herrschten für die *Fleischwarenindustrie*. Weder Umsätze noch Preise liessen sich befriedigend erhöhen. Zu den wichtigsten Problemfeldern zählen neben dem zunehmenden Einkaufstourismus infolge der hohen Preisgefälle zwischen der Schweiz und den Nachbarstaaten vor allem der sehr hohe Selbstversorgungsgrad beim Schlachtvieh und die Konsumverlagerung zu importierten Fleischsorten, die nebst attraktiven Preisen auch die Bedürfnisse der Konsumenten besser ansprechen. Insbesondere die mittelgrossen Unternehmen bekundeten Mühe, überlebensnotwendige Gewinne zu erzielen. Es zeichnet sich insofern eine Strukturbereinigung in der Branche ab, als dass diese wohl längerfristig Existenzschwierigkeiten haben dürften. Kleine flexible Unternehmen sehen durchaus noch Marktlücken mit Chancen und ganz grosse Betriebe, die sowohl im Inland als auch im Ausland kräftig in Rationalisierungen investieren, können marktbeherrschende Stellungen erreichen. Sie sind auch die einzigen, die ihre Umsätze zu steigern vermochten.

In der *Brauereiindustrie* schritt auf der Angebotsseite mit der Auflösung des Bierkartelles eine Fusionswelle einher, die eine verstärkte Konzentration zur Folge hatte. Nachfrageseitig war 1991 nochmals eine Belebung festzustellen, so dass sich Preise und Absatzmengen gesamtschweizerisch positiv entwickelten, was sich auch in den Resultaten der Brauereibetriebe niederschlug. Infolge der erwähnten Umstrukturierungen und speziellen Verhältnisse in der Nordwestschweiz waren die dortigen Resultate etwas bescheidener. Von den nochmaligen Ausweiterungen des Biermarktes profitierten weniger die einheimischen als vielmehr die Importbiere, deren Einfuhrvolumen deutlich zunahm. Tendenzielle Terrainverluste erlitten dagegen die Billigbiere. Die Ausfuhr der Brauereien stieg etwa im Einklang mit der hiesigen Marktentwicklung, blieb aber nach wie vor marginal.

Grosse Konkurrenz erwächst dem Bierabsatz nach wie vor durch die *Softdrinks*. Der gesamtschweizerische Konsum an alkoholfreien Kaltgetränken überschritt erstmals die Milliardenlitergrenze (Bierausstoss 420 Mio. Liter), wobei der einheimische Ausstoss den überwiegenden Anteil für sich beanspruchen kann. Ausser dem Bier bekamen auch die Milchverwerter dieses Wachstum zu spüren, ihre Umsätze waren rückläufig. Nebst Problemen der Konkurrenz sieht sich die Getränkebranche auch mit gemeinsamen Herausforderungen wie Vertrieb, Recycling und Pfandpflicht konfrontiert, die gemeinsam angegangen werden.

Die Aussichten für 1992 lassen, zumindest von den Zahlen her, eine gewisse Beruhigung erwarten, leider nicht im positiven Sinne, sondern eher mit stagnierender Tendenz. Eine leichte Erhöhung der Zahl der Arbeitsplätze dürfte mit höheren Personalkosten einhergehen, währenddem sich Wertschöpfung und Gewinne eher unterdurchschnittlich entwickeln. Die relative Ruhe scheint allerdings trügerisch, längerfristig dürften noch weitere regionale und internationale Flurbereinigungen bevorstehen.

3. Graphische Industrie

Arbeitsplätze 1990/91	4'075	(+ 1.1 %)
Arbeitsplätze 1991/92	4'026	(− 1.2 %)
Wertschöpfung 1991	363.7 Mio. Franken	(− 0.7 %)
Personalkosten 1991	257.7 Mio. Franken	(+ 1.3 %)
Exportwertschöpfung 1991	81.8 Mio. Franken	(−19.3 %)
Wertschöpfung pro Arbeitsplatz 1991	Fr. 89'200.−	(− 1.7 %)
Personalkosten pro Arbeitsplatz 1991	Fr. 63'200.−	(+ 0.2 %)

Mit ihrer bescheidenen - im Vergleich zum letzten Jahr um 20% gesunkenen - Exportwertschöpfung von ca. 82 Mio. Franken konnte die graphische Industrie keinen positiven Beitrag an die Exportwertschöpfung leisten, die 1991 die regionale Wirtschaft noch etwas stimulierte. Dies umsomehr, als die ausgewiesenen Exporte auch meist eine Destination in der Schweiz und nicht das Ausland betrafen. Die Folge war, dass bei einer einprozentigen Zunahme der Vollarbeitsplätze sowie gedrückten Mengen- und Preisverhältnissen durchwegs negative Zahlen zu vermelden waren. Die Wertschöpfung nahm leicht ab, die Arbeitsproduktivität gar um ca. 2%, real, d.h. unter Berücksichtigung der Inflation gesehen, also beachtliche Rückgänge. Immerhin blieb der Anstieg der Personalkosten in einem bescheidenen Rahmen und liess die Gewinneinbussen nicht noch stärker anwachsen. Der seit Herbst 1990 beobachtete Nachfragerückgang hatte sich also fortgesetzt. Die Produktion, die bereits im Vorjahr stagnierte, bildete sich im Berichtsjahr um ca. 2% zurück. Die negative Entwicklung betraf vor allem den Inlandmarkt und die hier im Werbedruck tätigen Druckereien und Zeitungsbetriebe. Hauptursache für das magere Inlandgeschäft war der Rückgang des Inseratevolumens. Er belief sich auf nahezu 10%. Der starke Beschäftigungsrückgang in der ganzen Wirtschaft führte bei den Stelleninseraten seitenzahlmässig zu einem eigentlichen Einbruch. Die kommerziellen Inserate waren, wenn auch in geringerem Umfang, ebenfalls rückläufig. Gemäss den Erhebungen der Stiftung Werbestatistik Schweiz haben 26 Branchen ihre Werbeausgaben real gekürzt, 24 haben sie jedoch erhöht. Zu den Branchen, die weniger für Werbung ausgaben, gehörten unter anderem Stellenvermittlungsbüros, Computerfirmen, Fahrzeugzubehöre, Telekommunikation oder Spirituosen. Hingegen verhielten sich die Bereiche alkoholfreie Getränke, Nahrungsmittel und Tabak, Kosmetik und Parfüm antizyklisch.

Infolge der bereits geschilderten Situation im Werbe- und Inserategeschäft wiesen die *Zeitungshersteller* nur einen knapp befriedigenden Geschäftsgang auf. Vom Umsatz- und Ertragsrückgang waren die kleineren Unternehmen weniger betroffen. Die grösseren Zeitungsverleger mussten die Beschäftigung soweit senken, dass eine unternehmerisch vertretbare Kostendeckung nur noch knapp erreicht werden konnte.

Eher noch stärkere Umsatzeinbussen verzeichneten die *Druckereibetriebe*. Vor allem die Grossdruckereien mit ihren kapitalintensiven Grossanlagen, deren Fixkosten kaum gesenkt werden können, bekundeten Mühe. Ihre Cash-flows reichten nicht aus, um die notwendigen Investitionen zur Erhaltung eines genügenden Modernisierungsgrades zu gewährleisten.

Es macht auch in der ganzen Branche nicht den Anschein, dass im Jahre 1992 wesentliche Verbesserungen eintreten. Verschiedene Faktoren wie Überkapazitäten, schneller Technologiewandel, elektronische Entwicklungen, Konkurrenz durch andere Medien und Importdruck werden kurz- und mittelfristig besonders bei den mittelgrossen bis grossen Unternehmen starke Pressionen ausüben.

Weitere Strukturbereinigungen sind absehbar und künden sich in den provisorischen Zahlen für das Jahr 1992 entsprechend an: Die Zahl der Arbeitsplätze sinkt um ca. 1%, Wertschöpfung und Arbeitsproduktivität nehmen weiter ab und die Personalkosten pro Vollarbeitsplatz weiter zu, wahrlich schlechte Aussichten!

4. Chemie

Arbeitsplätze 1990/91	38'103	(– 3.6 %)
Arbeitsplätze 1991/92	37'034	(– 2.8 %)
Wertschöpfung 1991	5'594.4 Mio. Franken	(+ 4.3 %)
Personalkosten 1991	3'824.2 Mio. Franken	(+ 3.2 %)
Exportwertschöpfung 1991	5'454.6 Mio. Franken	(+ 4.6 %)
Wertschöpfung pro Arbeitsplatz 1991	Fr. 146'800.–	(+ 8.2 %)
Personalkosten pro Arbeitsplatz 1991	Fr. 100'400.–	(+ 7.1 %)

Von der Wertschöpfungsentwicklung her war das Jahr 1991 für die *regionale Chemie* nicht sonderlich beeindruckend. Mit einem Zuwachs um nur 4.3% lag die Chemie unter dem Ergebnis des Industriesektors und schnitt auch schwächer ab als die regionale Wirtschaft insgesamt. Im Vergleich zu den Konzernergebnissen fielen die Kennzahlen der regionalen Betriebe deutlich ab.

Kennzahlen der Chemie 1990/1991

	Gesamtkonzerne	Regionale Chemie
Umsatz	+ 8.4%	+ 2.7%
Wertschöpfung	+ 15.7%	+ 4.3%
Personalbestand	+ 0.1%	– 3.6%
Personalkosten	+ 9.9%	+ 3.2%

Für die weltweit tätigen *Chemiekonzerne* sah das Jahr 1991 nämlich erheblich besser aus als für die regionale Chemie. Nach einem Gewinneinbruch im Vorjahr konnten die Konzerne deutliche Umsatz- und Ertragssteigerungen verzeichnen. Ihr Umsatzzuwachs lag über dem Gesamtwachstum des Chemie-Weltmarktes, was zu Marktanteilsgewinnen führte. Allerdings war ein Teil des Zuwachses auf die Wechselkursveränderungen zurückzuführen, ein anderer Teil auf Akquisitionen. Dank ihrem spezialisierten Sortiment, das zu einem überwiegenden Teil aus wertschöpfungsintensiven, in weiten Teilen (Pharma) auch relativ konjunkturresistenten Produkten besteht, vermochten die Basler Konzerne indes auch in einem weniger günstigen weltwirtschaftlichen Umfeld besser abzuschneiden als ihre Konkurrenz. Neueingeführte Produkte vermochten in einzelnen Märkten ein deutliches Mengenwachstum auszulösen, während sie in anderen Märkten zumindest die (meist durch gesundheitspolitische Massnahmen) ausgelöste Margenerosion verhindern konnten.

In der *regionalen Chemie* mussten vor allem in den industriellen Divisionen (Farben, Chemikalien) 1991 zum Teil deutliche Umsatzrückgänge in Kauf genommen werden. Der weitgehende Ausfall Osteuropas - ein Markt, welcher direkt aus der Nordwestschweiz versorgt wurde - schlug negativ zu Buche. Daneben führte die schlechter werdende Konjunktur auch zu Bestellungsrückgängen aus den USA und aus einigen westeuropäischen Ländern. Die Ausrichtung der regionalen Chemie auf Westeuropa wirkte sich in dieser Situation für einmal ungünstig aus. Die stark wachsenden asiatischen Märkte werden demgegenüber lokal bearbeitet und beliefert, so dass sich die von dort herstammenden Impulse nur wenig auf die regionalen Resultate der Branche auswirkten.

Zusätzlich spürbar wurde daneben der *Kapazitätsabbau* in der Nordwestschweiz, sei es durch Verlagerungen von Geschäftstätigkeiten in andere europäische Länder im Rahmen der verstärkten Divisionalisierung, sei es durch den Abbau in der Administration und der Logistik im Rahmen von Kostensenkungsprogrammen. Allein im Jahre 1991 wurden in der Chemie 3.6% der Stellen abgebaut, was rund 1'400 Vollarbeitsplätzen entspricht. Trotzdem stiegen die Personalkosten um 3.2%, was zum einen auf die vertraglichen Lohnerhöhungen, dann aber auch auf die Kosten der Abbaumassnahmen zurückzuführen ist.

Aus dieser unterschiedlichen Entwicklung der Gesamtkonzerne und der regionalen Chemie wird einmal mehr deutlich, dass die Chemie zwar für die Nordwestschweiz (und auch für den Wirtschaftsraum Oberrhein) die wichtigste Branche darstellt, dass aber diese regionalen Bestandteile im Vergleich zur Entwicklung der übrigen weltweiten Aktivitäten der Chemiekonzerne relativ an Bedeutung verlieren.

5. Steine/Erden

Arbeitsplätze 1990/91	2'752	(– 3.5 %)
Arbeitsplätze 1991/92	2'637	(– 4.2 %)
Wertschöpfung 1991	231.1 Mio. Franken	(+ 2.2 %)
Personalkosten 1991	168.8 Mio. Franken	(+ 2.7 %)
Exportwertschöpfung 1991	166.4 Mio. Franken	(– 3.9 %)
Wertschöpfung pro Arbeitsplatz 1991	Fr. 84'000.–	(+ 5.9 %)
Personalkosten pro Arbeitsplatz 1991	Fr. 61'400.–	(+ 6.5 %)

Trotz verschiedenen Diversifikationsbemühungen bleibt die Branche Steine/Erden stark abhängig von der Baukonjunktur und konnte sich deren rückläufigen Tendenzen nicht entziehen. Mit einer raschen Reaktion auf der Beschäftigungsseite, wo sie 1991 3.5% der Arbeitsplätze abbaute, sowie weiteren Rationalisierungsmassnahmen (insbesondere Investitionen), vermochte sie die negativen ökonomischen Effekte etwas zu mildern. Die Wertschöpfung konnte bei geringerem Umsatz um 2.2% gesteigert werden, die Arbeitsproduktivität gar um ca. 6% auf Fr. 84'000.–. Die Rationalisierungsmassnahmen bewirkten andererseits, dass für Personalabbaumassnahmen einerseits und qualifizierteres Personal andererseits mehr aufgewendet werden musste. Die Personalkosten stiegen insgesamt auf 168.8 Mio. Franken, die Personalkosten pro Arbeitsplatz stiegen um 6.5% auf Fr. 61'400.–. Die im Vergleich zum schweizerischen Durchschnitt etwas bessere Baukonjunktur in der Nordwestschweiz mag auch etwas zur Ertragserhaltung beigetragen haben. Bezeichnenderweise reduzierte sich die Exportwertschöpfung um ca. 4%.

Die oben erwähnten Diversifikationsbestrebungen verliefen in zwei Richtungen, zum einen geographisch, zum anderen produktemässig: Die geographische Diversifikation, die in der Nordwestschweiz allerdings nur indirekt durch Lizenz- oder Gewinnerträge der hier gelegenen Mutterhäuser zum Tragen kommt, verlief mit sehr unterschiedlichen Resultaten. In den osteuropäischen Staaten konnten noch nicht die erhofften Umsatzsteigerungen erzielt werden. In einigen anderen Ländern lauteten die Resultate ganz ansprechend. Ähnliches lässt sich in Bezug auf die produktemässige Diversifikation feststellen. Leider wurden im Rahmen von make or buy-Entscheidungen bei einigen Sortimenten die schweizerische Produktion eingestellt und der Zukauf ausländischer Fabrikate in den Vordergrund gestellt. Eine für den Werkplatz Schweiz nicht gerade erfreuliche Erscheinung. Aber durch diese Massnahmen gelang es der Branche, die Gewinne und Cash-flows gegenüber dem Vorjahr zu halten.

Zu den einzelnen Produktebereichen seien folgende Bemerkungen angebracht: Die Sanitärkeramik sowie die Wand- und Bodenfliesen entwickelten sich proportional zur Baukonjunktur rückläufig. Bei der Grobkeramik und dem technischen Porzellan waren die Einbrüche nicht so gross, da sie auch industriellen Verwendungszwecken dienen, die nicht immer direkt mit dem Bau verbunden sind, und auch die Zement- und Betonwarenhersteller in der Nordwestschweiz vermochten den widrigen Umständen noch gut zu begegnen. Erstere hatten sich wieder einmal mit den periodisch wiederkehrenden Untersuchungen der Kartellkommission auseinanderzusetzen. Zu Auseinandersetzungen anderer Art, nämlich zwischen Arbeitgebern und Arbeitnehmern, die bis zu Streiks führten, kam es bei den Natursteinbearbeitern. Eine starke zusätzliche Belastung zu einem Geschäftsverlauf, der auch nicht den Erwartungen entsprach.

Die ganze Branche hegt auch für 1992 gedämpfte Erwartungen. Selbst ein weiterer Arbeitsplatzabbau von über 4% kann nicht verhindern, dass sich Wertschöpfung und Arbeitsproduktivität zurückbilden werden. Verschiedene Unternehmen rechnen mit beträchtlichen Umsatzrückgängen. Ein stärkerer Anstieg der Personalkosten ist demgegenüber nicht zu verhindern. Eine doppelte Belastung der Ertragsaussichten ist also zu erwarten.

6. Maschinen/Apparate/Elektronik

Arbeitsplätze 1990/91	13'720	(+ 1.9 %)
Arbeitsplätze 1990/91	13'954	(+ 1.7 %)
Wertschöpfung 1991	1'348.7 Mio. Franken	(+ 9.0 %)
Personalkosten 1991	1'063.1 Mio. Franken	(+ 6.3 %)
Exportwertschöpfung 1991	1'084.2 Mio. Franken	(+ 8.8 %)
Wertschöpfung pro Arbeitsplatz 1991	Fr. 98'300.–	(+ 7.0 %)
Personalkosten pro Arbeitsplatz 1991	Fr. 77'500.–	(+ 4.3 %)

Dank einem guten Auftragspolster aus dem Vorjahr und langen Auftragszyklen erreichte die Branchengruppe Maschinen/Apparate/Elektronik bis weit in das Jahr 1991 noch über dem Industriedurchschnitt liegende Ergebnisse. Die Arbeitsproduktivität erhöhte sich (noch) um 7% auf nahezu Fr. 100'000 (!) und der Anstieg der Personalkosten pro Vollarbeitsplatz konnte auf relativ bescheidenen 4.5% gehalten werden. Wesentliche Impulse lieferte dabei die Ausfuhr, nahm doch die Exportwertschöpfung um nahezu 9% zu. Doch nach und nach begann die Branchenkonjunktur abzuflauen. Insbesondere im Bereich Maschinen/Apparate bildeten sich infolge der Abkühlung des weltwirtschaftlichen Klimas, der hohen Zinsen und der damit verbundenen Investitionsunlust der Unternehmen zuerst die Aufträge zurück, dann folgte eine Reduktion der Kapazitätsauslastung, anschliessend begannen einzelne Firmen Arbeitsplätze zu reduzieren (1991 wurden im engeren Bereich Maschinen/Apparate 1.2% weniger Personal beschäftigt) und gegen Ende Jahr musste hier und dort sogar zu Kurzarbeit übergegangen werden. Besonders die Hersteller von Werkzeugmaschinen, Präzisionswerkzeugen und Feinmechanikbestandteilen, die ja meistens als Zulieferanten fungieren, bekamen ebenso wie die eigentlichen Anlagehersteller die Zurückhaltung der Unternehmen im Investitionsbereich zu spüren. Verschärfend wirkte sich zudem aus, dass die ausländische Konkurrenz qualitativ und Know-howmässig sich ständig verbesserte und den Schweizer Unternehmen erhöhte Leistungen und Preisnachlässe zur Verteidigung ihrer Marktposition abfordert. Nach raschen Reaktionen im Bereich der variablen und semivariablen Kosten konnten die Ertragseinbussen im Rahmen gehalten werden. Der Anteil der zurückbehaltenen Gewinne bei den Maschinen/Apparatebauern betrug noch 8% der Wertschöpfung. Der Arbeitsvorrat lag allerdings wesentlich tiefer als ein Jahr zuvor. Unternehmen, die zudem noch von Aufträgen der öffentlichen Hand abhängig waren, wie beispielsweise die Fahrzeugbauer, bekamen deren prekäre Finanzlage durch Auftragsreduktionen zu spüren. Je höher der Spezialisierungsgrad der Produkte war und/oder je mehr elektrotechnische oder elektronische Komponenten in den Vordergrund rückten, desto besser präsentierten sich die Ergebnisse der entsprechenden Unternehmen. Die Betriebe, die dem Bereich Elektrotechnik/Elektronik zugerechnet werden, erzielten nahezu durchwegs bessere Resultate. Gesamthaft stockten sie ihre Personalbestände um 5.5% auf, erzielten mit einer Steigerung von 12.4% den höchsten Wertschöpfungszuwachs und vermehrten die Exporte im gleichen Umfang. Dass dieser Markt sich offensichtlich noch in einer besseren Verfassung befand, zeigte sich bei Angebot und Nachfrage nach Arbeitskräften. Um entsprechend qualifiziertes Personal zu erhalten, waren Lohnerhöhungen von über 10% vonnöten, die den Produktivitätsgewinn gerade wieder absorbierten.

Leider lassen sich die im letzten Abschnitt vorgetragenen positiven Äusserungen aufgrund der gemeldeten Halbjahresergebnisse nicht auf das Jahr 1992 übertragen.

Besonders in der Maschinenindustrie zeichnet sich eine Stagnation der Wertschöpfung bei rückläufigen Arbeitsplatzzahlen ab. Die Produktivitätsfortschritte sind jedoch bescheiden und liegen unter den Personalkostenzuwächsen. Was einigen Unternehmen Kopfzerbrechen bereitet, ist die Abnahme der Auftragsbestände, lebt doch die Industrie vor allem von langfristigen Ordern. Der Bereich Elektrotechnik/Elektronik meldet - ähnlich wie die Chemie - positivere Aussichten. Wenn auch nicht mehr die hohen Werte von 1991 erreicht werden, so rechnen die meisten Vertreter der Branche nochmals mit kräftigen, zwischen 5-10% liegenden, Zuwächsen.

7. Metallbearbeitung

Arbeitsplätze 1990/91	5'256	(− 2.4 %)
Arbeitsplätze 1991/92	4'980	(− 5.3 %)
Wertschöpfung 1991	468.1 Mio. Franken	(+ 9.3 %)
Personalkosten 1991	357.5 Mio. Franken	(+ 8.3 %)
Exportwertschöpfung 1991	331.4 Mio. Franken	(+15.3 %)
Wertschöpfung pro Arbeitsplatz 1991	Fr. 89'100.−	(+12.0 %)
Personalkosten pro Arbeitsplatz 1991	Fr. 68'000.−	(+11.0 %)

Die hier präsentierten Zahlen 1991 der Branche Metallbearbeitung erwecken wie letztes Jahr den Eindruck extremer Ergebnisse. Die Personalzahlen wurden um 2.4% gesenkt, Arbeitsproduktivität und Personalkosten stiegen um über 10% und die Exportwertschöpfung legte nach dem letztjährigen Rekord nochmals über 15% zu. Diese Resultate widerspiegeln jedoch nur zum Teil die betriebswirtschaftlichen Ergebnisse des Berichtsjahres, zu einem anderen Teil sind sie auf nach wie vor im Gang befindliche Umstrukturierungsprozesse innerhalb einzelner Subbranchen zurückzuführen. In einigen Firmen wurden namhafte stille Reserven aufgelöst, die als neutrale Erträge in Erscheinung traten, andernorts waren grössere Verluste nicht zu vermeiden, die infolge hoher Zinslasten, aber auch ungünstiger Kursentwicklungen auf den Metallmärkten zustande kamen.

Kursentwicklung 1991 (Franken pro Tonne)

	Kupfer	Zink	Nickel
Jahresanfang	3'308	1'639	10'710
Jahresende	2'934	1'593	9'704
Durchschnitt 1991	3'352	1'597	11'722
Durchschnitt 1990	3'712	2'113	12'362

Hält man sich deren Verlauf vor Augen (siehe Tabelle) und bedenkt man, dass die Lagerbestände Ende Jahr jeweils entsprechend bewertet werden müssen, so werden einem die stark auftretenden Schwankungen eher verständlich. Eine nähere Betrachtung der Subbranchen zeigt, dass gerade die *Buntmetallverarbeiter* diesen Gesetzmässigkeiten am stärksten unterlagen. Leichte Preis- und Mengeneinbussen wirkten sich bei diesen auf hohe Kapazitätsauslastungen angewiesenen Unternehmen bereits empfindlich aus. Die grossen Anlagen sind in Anbetracht der angespannten Finanzlage oft stark fremdfinanziert, die Zinseskalation, wie sie 1991 zu erleben war, entwickelte sich damit zusätzlich zu einem drückenden Aufwandfaktor. Bei den *Herstellern von Metallwaren* treffen wir unterschiedlichste Betriebe mit unterschiedlichsten Resultaten an. Pessimistischen Grundtönen standen auch optimistische Situationsbeurteilungen gegenüber. Einige der Angehörigen dieses Branchenzweiges erzielten nicht nur ansprechende Resultate, sondern liessen sich auch von den Rezessionsängsten nicht beirren und investierten in produktemässige und geographische Diversifikation. Letztere wurde vor allem durch die Nachfrage aus dem EG-Markt ausgelöst, in dem diese Betriebe ansprechende Erfolge erzielen konnten. Als Standort für das zweite Bein in der EG wurde dabei meist ein grenznaher Ort ausgewählt, ein für die Entwicklung eines Wirtschaftsraumes Oberrhein positives Signal.

Die *Metallbauer* konnten sich bis zu einem gewissen Grade der Verschlechterung auf dem Baumarkt entziehen, mussten aber Ertragseinbussen in Kauf nehmen. Ein hoher Spezialisierungsgrad, der von der Konkurrenz abschirmte, half den einen, Kreativität und Flexibilität den anderen, die schlimmsten Einbrüche zu vermeiden. Die im Jahresverlauf deutlich gesunkenen Preise für Rohaluminium liess die *Verarbeiter von Aluminium* von tieferen Einkaufspreisen profitieren.

Die Aussichten für das Jahr 1992 sind in allen Teilbereichen der Metallverarbeitung unbefriedigend. Trotz einem deutlichen Abbau der Arbeitsplätze um 5% rechnen die Unternehmen kaum mit Produktivitätssteigerungen. Die weltweite Situation der Metallindustrie und die immer noch rückläufige Baukonjunktur werden die Preissituation noch kritischer werden lassen. Mangels Nachfrage muss auch teilweise Kurzarbeit eingeführt werden. Die hohe Fixkosten der Produktionsanlagen können jedoch kaum reduziert werden, selbst nicht durch eine weitere Personalreduktion bis 1995.

8. Übrige Industrie

Arbeitsplätze 1990/91	9'200	(− 0.4 %)
Arbeitsplätze 1991/92	9'037	(− 1.8 %)
Wertschöpfung 1991	870.8 Mio. Franken	(+ 4.9 %)
Personalkosten 1991	627.6 Mio. Franken	(+ 4.0 %)
Exportwertschöpfung 1991	446.5 Mio. Franken	(+ 2.4 %)
Wertschöpfung pro Arbeitsplatz 1991	Fr. 94'700.−	(+ 5.3 %)
Personalkosten pro Arbeitsplatz 1991	Fr. 68'200.−	(+ 4.3 %)

Die übrigen Industriebranchen umfassen die Branchen Textil/Bekleidung, Uhren, Kunststoff/Kautschuk, Papier, Holz sowie Energie/Wasser/Bergbau.

Über das Ganze gesehen verzeichneten diese Branchen 1991 ein schwaches Ergebnis, die Wertschöpfung und die Personalkosten wuchsen gleich und in geringerem Mass als die Inflationsrate. Real trat also ein Rückschritt ein. Trotz Reduktion von Arbeitsplätzen und weiteren Rationalisierungsmassnahmen gelang keine massgebliche Steigerung der Arbeitsproduktivität. Exportanstrengungen mündeten in einer bescheidenen Zunahme um 2.4%. Ebenso heterogen wie dieses Branchenkonglomerat sind die Gründe des bescheidenen Abschneidens. Jedoch lassen sich vier Punkte herausstreichen, die allgemein Gültigkeit haben.

− Obwohl keine der Branchen sehr nahe mit der Bauindustrie (die ja grösster Verursacher der Rezession war) liiert ist, blieb die Mengennachfrage vorwiegend flau und verunmöglichte genügende Kapazitätsauslastungen.

− Angesichts der hohen Mechanisierungsgrades der meisten dieser Branchen, ist gerade dies der entscheidende Erfolgsfaktor. Die Fixkosten sind hoch und sinkende Absatzmengen haben rasch Preis- und Gewinneinbussen zur Folge.

− Entsprechend dem hohen Mechanisierungsgrad ist die Kapitalintensität gross. Oft existieren starke Fremdkapitalbelastungen, die angesichts der hohen Zinslage die Erträge empfindlich schmälerten.

− Nebst High-Tech-Unternehmen mit hoher Wertschöpfung gibt es Betriebe mit bescheidener Wertschöpfung. Angesichts des hohen Wertschöpfungs- und Lohnniveaus in der Region sind diese gezwungen, auszulagern oder auszuwandern.

Der für 1991 geschilderte Kriechgang wird sich auch 1992 fortsetzen. Die Arbeitsplätze gehen weiter zurück, die Produktivität bleibt schwach und die erarbeitete Wertschöpfung ist ungenügend für eine langfristige Existenzsicherung.

Doch ein differenzierteres Bild vermitteln nachfolgende Bemerkungen zu den einzelnen Teilbranchen:
Die *Bekleidungs- und Textilindustrie* wies nach dem ausgeprägten Taucher, der anfangs 1990 (Golfkrise) einsetzte, seit Mitte 1991 wieder eine steigende Tendenz auf. Die Kapazitätsauslastung lag zu diesem Zeitpunkt bei über 80%. Nicht nur der mengenmässige Absatz war deutlich befriedigender, sondern drei weitere Faktoren trugen zu dem relativ guten Ergebnis bei. Die Rohstoffpreise, die bis zu 30% vari-

ieren können, tendierten nach unten, die Verkaufspreise konnten erhöht werden und die Produktivitätsinvestitionen, die trotz rezessiven Tendenzen und hohen Fremdkapitalbelastungen vorgenommen worden waren, verfehlten ihre Wirkung nicht. Die Produktivität konnte um 6% gesteigert und die Personalkosten pro Arbeitsplatz um nahezu 3% gesenkt werden. In der Schweiz produzieren heute ein Drittel weniger Mitarbeiter als vor 13 Jahren das Fünffache. Starke Ausschläge, nach oben und nach unten, gehörten seit jeher zur Textilkonjunktur. So war es auch nicht verwunderlich, dass dann 1992 eher Meldungen über Restrukturierungen und Unternehmungshandänderungen als Betriebserfolge im Vordergrund standen. Diese fielen nämlich wieder bescheidener aus; die mit 1.5% mehr Mitarbeitern erarbeitete Wertschöpfung betrug lediglich 4%. Die nordwestschweizerischen Unternehmen - der Versandhandel bildet hier eine Ausnahme - leiden grösstenteils unter den chronischen, die gesamtschweizerische Industrie betreffenden, Problemen. Bei den EWR-Verhandlungen konnte im Textilbereich (Veredelungsverkehr) kein Durchbruch erzielt werden. Schweizer Erzeugnisse sind in der EG benachteiligt, weil die Gemeinschaft Präferenzabkommen mit Drittländern ausgehandelt hat. Die EG-Produzenten können aus dem EG-Raum stammende Vormaterialien in diesen Ländern billig konfektionieren und zollfrei wieder einführen. Schweizer Waren werden hingegen nicht direkt zugelassen, sondern unterliegen einer Differenzverzollung. Dadurch wird weniger schweizerisches Vormaterial gekauft. Damit der europäische Binnenmarkt verwirklicht und die handelspolitischen Erschwernisse der Schweizer Textilien beseitigt werden können, plädiert die Branche für einen baldigen EG-Beitritt.

Was den Welthandel betrifft, verspricht sich die Schweizer Textilindustrie einiges von den GATT-Verhandlungen. Da sich die beteiligten Länder nicht einigen konnten, wurde das bisher gültige Multifaserabkommen bis Ende 1992 verlängert. Damit bleiben die Wettbewerbsverzerrungen bestehen. Die auf den Export angewiesene Schweizer Textilindustrie stösst an verschiedenen Orten auf tarifäre und nichttarifäre Handelshemmnisse. Wenn das Multifaserabkommen abgebaut und der Textilsektor den GATT-Normen unterstellt wird, steht der für die Schweiz vorteilhaften Öffnung der Märkte nichts mehr im Weg.

Trotz der eher bescheidenen Aussichten beabsichtigen die Unternehmen bis 1995 mehr Leute einzustellen und vor allem den Versandhandel und die Produktion von hochwertigen Textilien auszubauen.

Leider vermochte die regionale *Uhrenindustrie* 1991 nicht an die Glanzresultate der schweizerischen anzuknüpfen. Währenddem diese sowohl im Billiguhren- (Swatch) als auch Luxusuhrensegment mit Rekordmeldungen aufwartete und das einst angeschlagene Image des drittwichtigsten Exportzweiges der Schweiz wieder herstellte, muss in der Nordwestschweiz ein eigentlicher Einbruch konstatiert werden. Abgesehen von einigen Ausnahmen, die sich im Bereich Design-Uhren oder in den gehobenen Preisklassen durchaus mit Erfolg behaupten können, meldeten die Uhrenhersteller der Nordwestschweiz bescheidene Ergebnisse. Die Zahl der Vollarbeitsplätze wurde nochmals um 10% reduziert und trotz dieser und weiterer Rationalisierungsmassnahmen gelang es nicht, die Arbeitsproduktivität mehr als die Personalkosten pro Arbeitsplatz zu steigern (4.1% vs. 5.7%). Vor allem die Produzenten von Bestandteilen bekunden Mühe, angesichts ihrer Ertragsmöglichkeiten das in der Region herrschende Lohnniveau einzuhalten. Sie verlagern ihre Aktivitäten - wie auch die Halbjahreszahlen 1992 zeigen - ins Ausland und gemäss den längerfristigen Prognosen dürfte die Uhrenindustrie in unserer Region mehr und mehr zu einer quantité négligeable werden. Bleibt zu hoffen, dass dies keine negativen Auswirkungen auf die Uhren- und Schmuckmesse zeitigt, die doch für den Messeplatz Basel von einiger Bedeutung ist.

Obwohl die *Kunststoff-/Kautschukindustrie* generell in der Schweiz zu etwa 30% von der Bauwirtschaft abhängt, vermochte sie sich 1991 in der Nordwestschweiz relativ gut zu behaupten. Mit etwa gleich vielen Mitarbeitern (die Zahl der Vollarbeitsplätze stieg lediglich um 0.8%) konnte sie die Wertschöpfung und Arbeitsproduktivität nochmals um nahezu 10% steigern. Sowohl die Angebots- als auch die Nachfragestrukturen verhalfen zu diesem Ergebnis. Betrachten wir die regionalen Unternehmen von der Angebotsseite, so stellen wir fest, dass sie entweder Massenkonsumgüter mit konjunkturresistentem Charakter produzieren oder aber Spezialitäten (die durchschnittliche Wertschöpfung pro Arbeitsplatz erreichte Fr. 130'000!), bei denen sich mit kleinen Mengen und marktkonformen Preisen ansprechende Erträge erzielen lassen. Entsprechend sind die Nachfrager auch in der Konsumgüterindustrie einerseits oder in der Chemie im Spezialapparatebau andererseits zu finden. Die modernen Spritzguss- und Verformungsanlagen, die in der Kunststoff- und Apparateindustrie heutzutage zur Anwendung gelangen, weisen einen derart hohen Rationalisierungsgrad auf, dass die Personalkosten gehalten oder sogar gesenkt werden konnten, 1991 um 2% pro Arbeitsplatz. Diese Einsparung kommt den Unternehmen sehr zupass, denn der Umfang der zurückbehaltenen Gewinne ist äusserst bescheiden. Als 1992 auch die Nachfrage sich zurückzubilden begann, reagierten die Unternehmen mit einem starken Abbau von Arbeitsplätzen (-7%) und dort, wo es Verfahren oder/und Personalanforderungen erlaubten, begannen sie, ihre Produktion in Billigländer zu verlegen (Südeuropa, Osteuropa). Es zeichnet sich also auch hier der in der ganzen Industrie festzustellende Trend ab: High-Tech- und spezialisierte kundennahe Produkte werden hier in der Nordwestschweiz, einfache, grossvolumige anderswo gefertigt. Dass die Kunststoffindustriellen diese Strategie weiter zu verfolgen gedenken, zeigt die Tatsache, dass sie bis 1995 weitere 70 Arbeitsplätze abzubauen planen.

Getragen von der bereits fünf Jahre anhaltenden beispiellosen Entwicklung des schweizerischen und ausländischen Papierverbrauchs vermochte die *Papierindustrie* 1991 nochmals die Wertschöpfung um ca. 4% und die Arbeitsproduktivität - bei einem Arbeitsplatzabbau von 1% - um nahezu 5% zu steigern. Aber gegenüber den Vorjahreswerten begann sich bereits eine Umkehr des Trends abzuzeichnen. Die Nachfrageseite hielt sich im gesamten zufriedenstellend. Bedingt durch den Inseraterückgang verringerte sich der Bedarf an Zeitungspapier etwas, aber das Gespenst vom papierlosen Büro erwies sich als gegenstandslos, in diesem Gebiet hielten sich die mengenmässigen Umsätze nicht zuletzt dank EDV, Photokopieren und Fax. Im Bereich Verpackungen bietet sich Papier resp. Wellkarton nach wie vor als umweltfreundlicher, gut handhabbarer Verpackungsstoff an. Die Kapazitätsauslastung der meisten Unternehmen der regionalen Papierindustrie lag dementsprechend auch auf der benötigten Höhe. Nicht zufrieden waren die Papierhersteller mit der Ertragslage. Auch wenn die Zellstoffpreise fielen, so führten insbesondere die höheren Energie- und Personalkosten - letztere nahmen pro Arbeitsplatz um über 9% zu - zu beträchtlichen Kostensteigerungen, die aufgrund des enormen Konkurrenzdruckes kaum auf die Preise überwälzt werden konnten. Gedrückte Margen und tiefe Cash-flows waren die Folge, eine angesichts der hohen Kapitalintensität der Branche bedenkliche Entwicklung. Erste drastische Zeichen, dass die Branche sich mit Finanzierungsproblemen und Überkapazitäten konfrontiert sieht, waren 1992 denn auch eine Betriebsschliessung und die für das erste Halbjahresergebnis gemeldeten Unternehmenskennzahlen. Trotz einem weiteren Arbeitsplatzabbau von

1.6% gelangen nur bescheidene Ergebnisse. Der Steigerung der Arbeitsproduktivität von ca. 3% stehen wieder höheren Personalkosten gegenüber, so dass der Anteil des Cash-flows am Umsatz erneut unter der 10% Grenze liegen wird. Dies ist unzureichend für das kapitalintensive Papiergeschäft, weil die zur Erhaltung der Konkurrenzfähigkeit notwendigen Investitionen nur noch bedingt durch selbsterarbeitete Mittel finanzierbar sind, so dass die Projekte durch Kredite mit gegenwärtig vergleichsweise hohen Zinsen finanziert werden müssen. Nebst diesen Tatsachen stimmen die wachsenden Überkapazitäten die Unternehmen bedenklich, sie wollen bis 1995 4% der Arbeitsplätze abbauen.

Der rezessive Bausektor bremste 1991 auch die *Holz- und Möbelindustrie*. Besonders im ersteren Bereich reduzierte sich der Auftragseingang deutlich und gleichzeitig intensivierte sich der Preiskampf. Die Möbelindustriellen verspürten zwar auch die gewisse Zurückhaltung, welche die Konsumenten sich beim Kauf längerfristiger Konsumgüter auferlegten, vermochten aber doch noch ihre Kapazitäten befriedigend auszulasten. In der Mischrechnung ergab sich dadurch aber ein bescheidenes Bild. Die Arbeitsplätze mussten um 1% reduziert werden, die Arbeitsproduktivität stieg um knapp 5% und die regionale Wertschöpfung um 4%. Herausstechend - leider im negativen Sinn - war die Erhöhung der Löhne, die vor allem den Mitarbeitern baunahen Betriebe zugestanden werden mussten - sie lag bei nahezu 10%. Die durch diese Kostenexplosion und Nachfrageabschwächung hervorgerufenen Einbussen bewirkten eine Erosion des Cash-flow. Diese wiederum veranlasste die Unternehmen 1992 nochmals ca. 1.5% Arbeitsplätze abzubauen, was allerdings nicht ausreichen dürfte, um markante Verbesserungen zu erreichen. Die Halbjahreszahlen verheissen auf alle Fälle wenig Gutes: Schwache nominale Wertschöpfungssteigerungen (+1.4%), hohe, wenn auch schwächer wachsende Personalkosten (+4%) und Gewinneinbussen. Ein weiterer Abbau der Arbeitsplätze bis 1995 (-70) scheint den Führungsverantwortlichen unumgänglich.

Der Bereich *Energie/Wasser* schliesslich umfasst vorwiegend halböffentliche regionale Versorgungs- und Entsorgungsbetriebe. Seine Exportwertschöpfung liegt daher nahezu bei Null, auch die Steuern und Abgaben an die öffentliche Hand sind sehr bescheiden. Bei näheren Analysen sind diese Besonderheiten im Auge zu behalten. Immerhin ist es beachtenswert, dass diese Unternehmen 1991 mit Fr. 120'000 zwar eine nahezu gleich hohe Wertschöpfung wie im Vorjahr aber doch eine der höchsten des Industriesektors aufwiesen. Leider gehörten sie auch zu den Spitzenwerten bei den Personalkosten, diese erhöhten sich nämlich um nahezu 10%! Ein weiteres Charakteristikum dieses Bereichs ist, dass ein Teil seiner Rohstoffe (Gas, Öl) vor allem von den internationalen Märkten, besonders vom Rohölmarkt, abhängig sind. In der Schweiz kostete infolge des internationalen Angebotsüberhanges Heizöl beim Grosshändler im Oktober 1991 10.8% weniger als im Oktober 1990. In Anbetracht der hohen Lagerbestände, in Antizipation eines durchschnittlichen Winters und unter Berücksichtigung der bescheidenen Konjunkturentwicklung beurteilen die Energie/Umweltunternehmen die Entwicklung 1992 pessimistisch, Mitte Jahr rechneten sie gar mit einem Rückgang von 10%.

9. Entwicklungstendenzen 1992

Leider lassen sich aus den bisher vorliegenden Halbjahreswerten wenig Lichtblicke für das Jahr 1992 ableiten. Ohne das Zugpferd Chemie, bei welchem sich noch Resultatverbesserungen abzeichnen, würden die Resultate des Industriesektors betrüblich aussehen. Sämtliche Werte der übrigen Branchen dürften unter diejenigen des Vorjahres zu liegen kommen und der fortgesetzte Zwang zum Abbau von Arbeitsplätzen bringt Kurzarbeit und steigende Arbeitslosigkeit mit sich. Weder die Inland- noch die Exportnachfrage lassen eine Belebung erwarten und auch die abnehmende Inflationsrate hat bis jetzt noch nicht stimulierend gewirkt. Die Wirtschaftsschwäche scheint auch den Dienstleistungssektor zu erfassen, so dass auch von dort aus wenig Impulse ausgehen dürften. Und noch weniger positiv, auch mittel- und langfristig, dürfte sich für unsere exportorientierte Industrie das EWR-Nein des Schweizer Volkes auswirken.

Teil III

Die Entwicklung der Dienstleistungsbranchen
1991/92

Dr. R. Füeg

1. Gesamtentwicklung

2. Grosshandel

3. Banken

4. Versicherungen

5. Transport/Spedition/Lagerung

6. Beratung

7. Grossverteiler

8. Übrige Dienstleistungen

1. Gesamtentwicklung

In der eidgenössischen Statistik (z.B. in der Betriebszählung) wird die Wirtschaft in drei Sektoren unterteilt, wobei man den dritten Sektor als "Tertiärer Sektor" oder als "Dienstleistungssektor" bezeichnet. In der Wirtschaftsstudie Nordwestschweiz wird demgegenüber der tertiäre Bereich nicht als Ganzes behandelt, sondern unterteilt in einen staatlichen Bereich ("Öffentliche Hand"), die privatwirtschaftlichen Dienstleistungsbranchen (Banken, Versicherungen, etc.) und jenen Teil der gewerblichen Wirtschaft, welcher ebenfalls Dienstleistungen erbringt (Coiffeure, etc.).

Das vorliegende Kapitel befasst sich mit dem Dienstleistungssektor in diesem engeren Sinne. Dazu gehören

— die Finanzdienstleistungen (Banken, Versicherungen, Finanzgesellschaften)

— der Handel (Grosshandel, Handelsvermittlung, Grossverteiler und Warenhäuser)

— Teile der Verkehrswirtschaft (Spedition/Lagerung, Binnenschifffahrt, Luftverkehr, Reisebüros)

— Treuhand/Beratung, Architektur/Planung

— Sonstige Dienstleistungen (Messe- und Kongresswesen, Kultur/Sport, private Schulen und Spitäler, Immobilienbranche, etc.).

Der so umschriebene Dienstleistungssektor erwies sich 1991 als Hauptstütze der regionalen Entwicklung. Mit einem Wertschöpfungszuwachs von 11.3% trug er massgeblich dazu bei, dass das Gesamtresultat der Region gegenüber dem Vorjahr nicht allzu stark abfiel. Das positive Resultat ist in erster Linie dem Finanzbereich zuzuschreiben. Banken und Versicherungen konnten ein hervorragendes operatives Resultat erwirtschaften, aber auch im Handel lagen die Jahresergebnisse deutlich über den Werten von 1990 (Tab. 1).

Tab. 1: Eckdaten des Dienstleistungssektors 1991

Branche	Vollarbeitsplätze 1991	% Ver. 90/91	Wertschöpfung 1991	% Ver. 90/91	WS/VAP 1991	PK/VAP 1991
Grosshandel	8'882	3.7%	1'414.6	8.7%	159'300.-	84'000.-
Banken	9'763	0.8%	2'220.4	23.5%	227'400.-	97'900.-
Versicherungen	6'124	3.4%	873.4	11.3%	142'600.-	97'000.-
Transport/Spedition/ Lagerung	8'254	1.3%	638.9	10.8%	77'400.-	65'800.-
Beratung	3'318	-2.3%	412.6	1.4%	124'400.-	101'000.-
Grossverteil./Warenhäuser	8'536	0.2%	552.8	7.2%	64'800.-	48'300.-
Übrige Dienstleistungen	19'212	3.1%	1'484.3	2.8%	77'300.-	72'700.-
DIENSTLEISTUNGEN	64'089	1.9%	7'597.0	11.3%	118'500.-	77'800.-
Gesamtwirtschaft	290'498	0.1%	27'977.1	5.6%	96'300.-	76'700.-

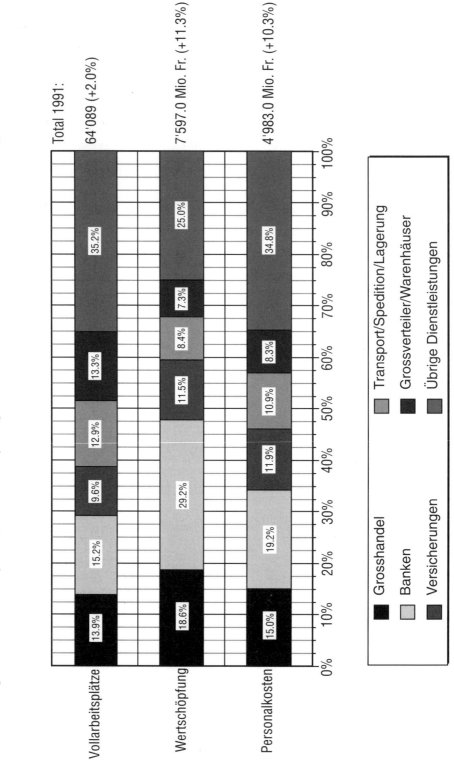

Abb. 1: Verteilung 1991 in Dienstleistungssektor

Mit einer Wertschöpfung von 118'500 Franken pro Arbeitsplatz liegt der Dienstleistungssektor knapp hinter der Industrie an zweiter Stelle. Sein Anteil an der Beschäftigung liegt bei etwas über 22 Prozent, er trägt aber gut 27% an das regionale Sozialprodukt bei.

In den vergangenen sechs Jahren hat der Dienstleistungsbereich sein Gewicht in der Nordwestschweiz deutlich verstärkt. Sein Beschäftigungszuwachs um 15% und der Zuwachs seiner Wertschöpfung um 48% lagen beide deutlich über den Zuwachsraten der gesamten regionalen Wirtschaft.

2. Grosshandel

Arbeitsplätze 1990/91:	8'882	(+ 3.7 %)
Arbeitsplätze 1991/92:	9'040	(+ 1.8 %)
Wertschöpfung 1991:	1'414.5 Mio Franken	(+ 8.7 %)
Personalkosten 1991:	746.5 Mio Franken	(+ 9.9 %)
Exportwertschöpfung 1991:	983.1 Mio Franken	(+17.5 %)
Wertschöpfung pro Arbeitsplatz 1991:	Fr. 159'300.–	(+ 4.8 %)
Personalkosten pro Arbeitsplatz 1991:	Fr. 84'000.–	(+ 5.9 %)

Im Grosshandel sind die Entwicklungen in den Jahren 1991 und 1992 je nach Teilbranche recht unterschiedlich verlaufen. Der schwächer gewordene Welthandel beeinflusste die Geschäftstätigkeit des *international tätigen Grosshandels* im Jahre 1991 nur wenig: während sich die Importe wertmässig zurückbildeten, wuchsen die Exporte immer noch, aber in geringerem Ausmass als in den achtziger Jahren. Besonders betroffen war und ist der Handel mit Investitionsgütern, der nach einer langen Expansionsphase die Vorjahreswerte nicht mehr erreichen konnte. Dank unterdurchschnittlicher Entwicklung der Güterpreise konnte die erwirtschaftete Wertschöpfung im international tätigen Grosshandel aber trotz insgesamt etwas niedrigeren Umsätzen gegenüber dem Vorjahr noch gesteigert werden. Die wichtigsten Impulse des Aussenhandels gingen dabei einmal mehr vom Konsumgüterbereich aus, bei welchem sowohl Einfuhr als Ausfuhr noch zunahmen. Die Verteilung der Ausfuhren nach Absatzmärkten veränderte sich dabei kaum, sieht man vom Ausfall der osteuropäischen Märkte und dem Sonderfall Deutschland einmal ab. 1992 ergab sich bei den international tätigen Grosshandelsfirmen der Region dann wieder ein deutlicheres Umsatz- und Wertschöpfungswachstum.

Im *Konsumgüterhandel* der Nordwestschweiz war die Entwicklung 1991 und 1992 verhalten, Umsätze und Wertschöpfung entwickelten sich zwar ebenfalls positiv, aber nur knapp im Rahmen der Teuerung. Im Brennstoffhandel führten die weltweiten Überkapazitäten bei der Förderung zu einer preisbedingt schwachen Umsatzzunahme, dafür aber zu einer deutlichen Wertschöpfungssteigerung. Im *baunahen Grosshandel* war die Entwicklung erwartungsgemäss am wenigsten zufriedenstellend. In diesem Teil des Grosshandels musste gegenüber dem Vorjahr sogar ein Rückgang der Wertschöpfung in Kauf genommen werden.

Dank der stärkeren Vertretung der sich positiv entwickelnden Teilbranchen in der Nordwestschweiz schloss der regionale Grosshandel aber sowohl 1991 wie auch 1992 besser ab als die übrige regionale Wirtschaft und vermochte damit die Entwicklung des Dienstleistungssektors positiv zu beeinflussen.

3. Banken

Arbeitsplätze 1990/91:	9'763	(+ 0.8 %)
Arbeitsplätze 1991/92:	9'622	(− 1.4 %)
Wertschöpfung 1991:	2'220.4 Mio Franken	(+23.5 %)
Personalkosten 1991:	955.4 Mio Franken	(+12.1 %)
Exportwertschöpfung 1991:	874.8 Mio Franken	(+26.1 %)
Wertschöpfung pro Arbeitsplatz 1991:	Fr. 227'400.−	(+22.5 %)
Personalkosten pro Arbeitsplatz 1991:	Fr. 97'900.−	(+11.1 %)

1991 erlebten die Banken in der Nordwestschweiz bezüglich ihrer wirtschaftlichen Entwicklung ein ganz spezielles Jahr: mit einem Wertschöpfungszuwachs um 23.5% erreichten sie ein Ergebnis, das in einem deutlichen Gegensatz zu den laufenden Meldungen über Schwierigkeiten des Bankensektors in anderen Regionen, über Fusionen, Übernahmen und gefährdete Kredite steht. Das Ergebnis kontrastiert auf den ersten Blick auch mit dem stagnierenden Beschäftigungsverlauf der Branche in der Region. Die nähere Analyse zeigt aber, dass hier kein Widerspruch vorliegt.

Die regionalen Banken haben 1991 im Schnitt nämlich besser abgeschlossen als die Schweizer Banken insgesamt. Dem gesamten Ertragszuwachs von 11% stand beim Zinsaufwand nur ein Zuwachs um 2.8% entgegen, während der Kommissionsaufwand sogar gesunken ist. Das gute operationelle Ergebnis der Banken ist auf eine Kombination von internen Strukturverbesserungen und Marktentwicklungen zurückzuführen. Beides hat letztlich zu einer Ertragsverbesserung geführt. Im Zinsengeschäft hat sich dank der Erhöhung der Passivzinssätze wieder eine Margenverbesserung ergeben; etliche regionale Banken haben zudem auch das Volumen ihrer Ausleihungen trotz einsetzender Rezession erhöhen können. Der durch die Deregulierungsmassnahmen eingetretene Wegfall von Konventionen erlaubte eine individuelle Anpassung der Kommissionsgebühren, welche trotz flauem Börsengang den Kommissionsertrag hat steigen lassen; die neuen derivativen Instrumente haben darüber hinaus eine Umsatzzunahme bewirkt. Neben dem Zinsengeschäft trugen auch die Erträge aus dem Wertschriften- und dem Devisengeschäft zum guten Ergebnis bei. Trotz angespanntem konjunkturellem Umfeld trugen praktisch alle Sparten des Bankengeschäfts zu einem guten Resultat bei. Im ganzen stieg in der Folge der Cash flow der in der Region tätigen Banken um beinahe 90%.

Dem operativen Erfolg steht der markant gestiegene Abschreibungs- und Rückstellungsbedarf gegenüber, der allerdings vor allem für die Korrektur von Fehlbeurteilungen in der Vergangenheit notwendig wurde: 1991 wurden die Rückstellungen in den regionalen Banken um rund 140% erhöht, während sich die laufenden Kosten im Schnitt nur um 12% vergrösserten. Darin spiegeln sich die Problematik des Immobiliensektors, aber auch die konjunkturbedingten Risiken im kommerziellen Geschäft. In einem gewissen Sinn musste nachträglich der Preis für das starke Wachstum der Bilanzsummen in der jüngsten Vergangenheit bezahlt werden.

Das Jahr 1992 brachte dem Finanzsektor einige zusätzliche positive Impulse: die Reduktion der Stempelsteuern hat die Attraktivität des Finanzplatzes Schweiz wieder etwas verbessert, die Krise im EWS hat die Bedeutung des Schweizer Frankens als sichere Anlage vermehrt ins Bewusstsein gebracht, und die Schweizer Banken konnten im Herbst 1992 teilweise erhebliche Währungsgewinne realisieren. Ab Mitte Jahr begannen schliesslich die Zinsen langsam wieder zu sinken, unter anderem dank des Rückgangs der Teuerung. Dadurch wurden in grossem Ausmass kurzfristige Gelder wieder längerfristig angelegt. Schliesslich reagierte auch der schweizerische Aktienmarkt positiv. Die Ungewissheit über den Ausgang der EWR-Abstimmung wirkte sich zwar lange Zeit dämpfend aus; in den ersten Tagen nach der Abstimmung entwickelten sich die Aktienkurse entgegen vielen Erwartungen dann aber überraschend positiv.

4. Versicherungen

Arbeitsplätze 1990/91:	6'124	(+ 3.4 %)
Arbeitsplätze 1991/92:	6'245	(+ 2.0 %)
Wertschöpfung 1991:	873.4 Mio Franken	(+11.3 %)
Personalkosten 1991:	593.9 Mio Franken	(+10.3 %)
Exportwertschöpfung 1991:	715.3 Mio Franken	(+11.8 %)
Wertschöpfung pro Arbeitsplatz 1991:	Fr. 142'600.–	(+ 7.6 %)
Personalkosten pro Arbeitsplatz 1991:	Fr. 97'000.–	(+ 6.7 %)

Bei den Versicherungen haben sich 1991 die Prämienerträge immer noch sehr positiv entwickelt, im Nicht-Lebens-Bereich allerdings schwächer als früher. Übertroffen wurde die Prämienentwicklung aber einmal mehr vom Zuwachs der Kapitalerträge, welcher dank den hohen Zinsen und des für institutionelle Anleger günstigen Verlaufs der Aktien- und Obligationenmärkte erwirtschaftet werden konnte. Dies gilt sowohl für den Lebensversicherungsbereich als auch für die übrigen Versicherungen. Schliesslich trug auch die Abschwächung des Schweizer Frankens dazu bei, dass bei der Konsolidierung ausländischer Währungen in Schweizer Franken bessere Werte resultierten.

Die Branche war auch im Jahre 1991 von einem sich verschärfenden Wettbewerb geprägt. Dieser spielt immer mehr nicht nur zwischen den einzelnen Versicherungsgesellschaften, sondern auch zwischen Versicherungen und Banken, deren Tätigkeitsfelder sich vermehrt überschneiden. Der stärkere Wettbewerb kann unschwer an der zunehmenden Zahl von Kooperationen und Übernahmen festgestellt werden.

Trotz Massnahmen zur Produktivitätssteigerung in einigen Gesellschaften sind die Versicherungen immer noch eine jener wenigen Branchen, in denen die Zahl der Beschäftigten im Zunehmen ist: 1991 gehörten die Versicherungen zusammen mit dem Grosshandel und der Elektrotechnik/Elektronik-Branche zu den am stärksten wachsenden Branchen, 1992 waren die Versicherungen zusammen mit den obengenannten Branchen praktisch die einzige Branche mit einem Beschäftigungszuwachs.

Infolge der einsetzenden konjunkturellen Abkühlung mussten 1991 weniger Rückkäufe von Lebensversicherungen getätigt werden: alternative Anlagemöglichkeiten haben an Attraktivität offenbar etwas verloren, das Sicherheitsbedürfnis ist gestiegen. Trotzdem sind die Versicherungsleistungen stärker gewachsen als die Prämienerträge. Nach dem aussergewöhnlichen Jahr 1990 mit seinen hohen Unwetterschäden war 1991 ebenfalls ein schadenreiches Jahr, wenn auch in etwas geringerem Ausmass. In der Krankenversicherung sind die seit Jahren zu beklagenden Kostensteigerungen zu verzeichnen; zudem ist zu vermuten, dass in Zeiten konjunkturellen Abschwungs teilweise auch Arbeitslosigkeit auf Kosten der Versicherungen überbrückt wird. In den technischen Branchen setzte sich in manchen Ländern der ungünstige Schadensverlauf fort, wobei die Wettbewerbssituation gerade im industriell-technischen Bereich teilweise dazu führte, dass Margeneinbussen in Kauf genommen werden mussten.

1992 wirkten sich die Investitionsflaute, die schwache Konsumneigung und die Absatzschwierigkeiten vieler Firmen dann auch negativ auf die Versicherungen aus. Die Prämienerträge wuchsen zwar immer noch, aber nur noch etwa halb so stark wie im Jahr zuvor. Bei den Lebensversicherungen ist die Entwicklung nach wie vor besser. Die zu bezahlenden Leistungen haben in beiden Versicherungsbereichen zugenommen, so dass die Bruttoerträge erneut weniger stark gewachsen sind als in früheren Jahren. Dank der sehr guten Erträge aus Kapitalanlagen gehören die Versicherungen aber auch weiterhin zu den prosperierenden Branchen.

5. Transport/Spedition/Lagerung

Arbeitsplätze 1990/91:	8'254	(+ 1.3 %)
Arbeitsplätze 1991/92:	7'866	(− 4.7 %)
Wertschöpfung 1991:	638.9 Mio Franken	(+10.8 %)
Personalkosten 1991:	543.2 Mio Franken	(+ 9.4 %)
Exportwertschöpfung 1991:	290.7 Mio Franken	(− 0.1 %)
Wertschöpfung pro Arbeitsplatz 1991:	Fr. 77'400.−	(+ 9.4 %)
Personalkosten pro Arbeitsplatz 1991:	Fr. 65'800.−	(+ 7.9 %)

Im Jahre 1991 hatte die noch günstige Wirtschaftsentwicklung der ersten Jahreshälfte dazu geführt, dass die Verkehrswirtschaft insgesamt recht positive Werte erreichen konnte. Für die *Tankschiffahrt* war 1991 ein sehr gutes Jahr mit mehr als kostendeckenden Frachtraten, nicht zuletzt dank der erfolgreichen Abwrackaktion auf dem Rhein in den Jahren zuvor. Die *Trockenschiffahrt* litt demgegenüber unter einer rückläufigen Nachfrage; der Umschlag in den Basler Rheinhäfen bildete sich beispielsweise um 9% zurück. Nach wie vor zunehmend ist einzig der Containerverkehr.

1992 fiel für die Rheinschiffahrt dann insgesamt negativ aus. Vor allem in der Trockenschiffahrt war infolge von Umstrukturierungen in der Schweizer Wirtschaft und wegen der generell schlechten Wirtschaftslage ein massiver Rückgang der Transportmengen bei verschiedenen Produktgruppen hinzunehmen. Die erarbeitete Wertschöpfung ist dadurch gegenüber 1991 um knapp 18% zurückgegangen. Die Aufhebung der Tarifvergünstigungen durch den Bund und die zusätzliche Konkurrenzierung der Tankschiffahrt durch die zivile Nutzung der ehemaligen NATO-Pipelines entlang des Rheins treffen die Rheinschiffahrt in dieser Situation doppelt hart. Flottenredimensionierungen und ein weiterer Personalabbau sind denn auch bereits angekündigt worden.

Wenig zufriedenstellend waren die Jahre 1991 und 1992 auch für die *Luftfahrt*. Bis vor kurzem profitierte die Nordwestschweiz noch vom Ausbau des Stützpunkts Basel einer Gesellschaft; 1992 nahm sowohl die Beschäftigung als auch die erwirtschaftete Leistung im regionalen Luftverkehr ab. Infolge des rückläufigen Geschäftsreiseverkehrs und wegen des immer stärker werdenden Preiskampfes vermochten die Erträge mit der Kostenentwicklung nicht mehr Schritt zu halten. Die vorgesehenen Restrukturierungen in der schweizerischen Luftfahrt und die vom Binnenmarkt zu erwartenden Effekte dürften für die nächste Zukunft kaum zu einer Zunahme der Bedeutung dieser Branche in unserer Region führen.

In der *Spedition* war die Entwicklung im Jahre 1991 verhalten, im Jahr 1992 dagegen wieder etwas besser. Der Rückgang des Aussenhandels - bei den Importen um -1.6%, bei den Exporten um -0.4% - schlug sich in den Ergebnissen dieser Branche nieder, welche Verkehrsleistungen in der Regel nicht selbst erbringt, sondern deren Durchführung organisiert und die administrativen Abwicklungen übernimmt. Trotz einer Reduktion des Personalbestands um gut vier Prozent und einem weiteren Rückgang der Importe konnte 1992 die erarbeitete Wertschöpfung aber wieder um über 5% gesteigert werden, was zu spürbar besseren Unternehmungsresultaten führen dürfte. Ähnliches gilt auch für die *Lagerhäuser*, deren Geschäftsergebnisse 1992 deutlich besser ausfallen sollten als im vergangenen Jahr.

Das Jahr 1992 ist für die Verkehrswirtschaft insgesamt wenig befriedigend ausgefallen. Insbesondere die Transportbranche hat unter niedrigen Preisen und rückläufigen Transportmengen gelitten. Sowohl der Luftverkehr als auch die Binnenschiffahrt haben einen Wertschöpfungsrückgang erlebt; die Strassentransporteure konnten zwar nominell gesehen noch einen leichten Zuwachs verzeichnen, schnitten real aber ebenfalls schlechter ab als im Vorjahr. Einzig die Spediteure und die Lagerhäuser entwickelten sich 1992 besser als im Vorjahr. Die Wertschöpfungssteigerung bei den öffentlichen Verkehrsbetrieben ist demgegenüber mit gemischten Gefühlen zu betrachten, ist sie doch nicht durch entsprechende Marktleistungen, sondern durch den Zuschuss höherer Bundesmittel bewerkstelligt worden.

6. Beratung

Arbeitsplätze 1990/91:	3'318	(− 2.3 %)
Arbeitsplätze 1991/92:	3'418	(+ 3.0 %)
Wertschöpfung 1991:	412.6 Mio Franken	(+ 1.4 %)
Personalkosten 1991:	335.0 Mio Franken	(+ 6.5 %)
Exportwertschöpfung 1991:	159.7 Mio Franken	(+ 2.0 %)
Wertschöpfung pro Arbeitsplatz 1991:	Fr. 124'400.−	(+ 3.8 %)
Personalkosten pro Arbeitsplatz 1991:	Fr. 101'000.−	(+ 9.1 %)

Die Beratungsbranche als ganzes umfasst in der Nordwestschweiz gemäss der eidgenössischen Betriebszählung 2973 Betriebe mit 18'836 Beschäftigten, welche sich in 16'040 Vollarbeitsplätze teilen. Der grössere Teil der Beratungsbranche besteht indes aus Klein- und Kleinstbetrieben mit weniger als 20 Beschäftigten, die in der Wirtschaftsstudie Nordwestschweiz zum Gewerbe gezählt werden (Tab. 2).

Tab. 2: Aufteilung der Beratungsbranche

Teilbranche	Vollarbeitsplätze		TOTAL
	Dienstleistungen	Gewerbe	
Unternehmensberatung/Treuhand/Revision	853	2'530	3'383
Architektur/Planung	1'595	5'301	6'896
Advokatur/Notariat etc.	−	747	747
EDV/Informatik	−	1'682	1'682
Sonstige kommerzielle Dienste	870	2'462	3'332
Total Beratung	3'318	12'722	16'040

Im vorliegenden Kapitel werden wie üblich nur die zum Dienstleistungsbereich gezählten grösseren Einheiten behandelt.

Die beiden wichtigsten Teilbranchen - die Unternehmungsberatung und die Architektur/Planung - entwickelten sich auch 1991 recht unterschiedlich.

Im Bereich der *Unternehmungsberatung* musste erstmals seit langem ein Beschäftigungsrückgang verzeichnet werden, welcher aber bereits im darauffolgenden Jahr weitgehend wieder wettgemacht worden ist. Trotz deutlich gestiegenem Auftragsvolumen hat in dieser Teilbranche die Wertschöpfung beinahe stagniert. Dies ist zu einem grossen Teil nicht auf das operative Ergebnis zurückzuführen, sondern auf deutlich kleinere neutrale Erträge und gesteigerte Abschreibungen und Rückstellungen.

Im Teilbereich *Architektur/Planung* war 1991 bereits deutlich absehbar, dass das Bauvolumen in der Folge sinken wird: bei praktisch unveränderten Beschäftigtenzahlen und einem stagnierenden Umsatz konnte die Wertschöpfung ebenfalls nur minimal gesteigert werden.

Insgesamt gehörte die Beratungsbranche damit für einmal nicht zu den erfolgreichen Branchen der Region. Mit einem Wertschöpfungszuwachs um nur gerade 1.4% verlor sie gegenüber dem Vorjahr sogar real leicht an Boden. Dass dies aber offenbar nur ein kurzfristiger Einbruch gewesen ist, zeigen bereits die Zahlen für das Jahr 1992, in welchem die Branche wieder zu den am stärksten wachsenden Wirtschaftsbereichen gehört.

7. Grossverteiler/Warenhäuser

Arbeitsplätze 1990/91:	8'536	(+ 0.2 %)
Arbeitsplätze 1991/92:	8'404	(− 1.5 %)
Wertschöpfung 1991:	552.8 Mio Franken	(+ 7.2 %)
Personalkosten 1991:	412.0 Mio Franken	(+ 5.6 %)
Exportwertschöpfung 1991:	1.1 Mio Franken	(+ 6.4 %)
Wertschöpfung pro Arbeitsplatz 1991:	Fr. 64'800.–	(+ 7.0 %)
Personalkosten pro Arbeitsplatz 1991:	Fr. 48'300.–	(+ 5.3 %)

Im Laufe des Jahres 1990 begann sich die Stimmung bei den Konsumenten zu verschlechtern und sank von Quartal zu Quartal immer stärker. Der Tiefstpunkt war bis Ende 1992 noch nicht erreicht. Angst vor dem Verlust des Arbeitsplatzes und eine pessimistische Beurteilung der Wirtschaftsentwicklung waren die auslösenden Faktoren dafür. Dies bedeutet aber nicht, dass die Haushaltseinkommen kleiner geworden wären: entsprechend hat bis weit ins Jahr 1992 hinein der Detailhandelsumsatz in der Region noch kaum gelitten.

1991 stieg die vom Detailhandel erarbeitete Wertschöpfung noch um 3.6%, im darauffolgenden Jahr allerdings nur noch um 1.3%. Die Grossverteiler und Warenhäuser realisierten 1991 deutlich bessere Ergebnisse als der Fachhandel; mit einem Wertschöpfungszuwachs um 7.2% wuchsen sie auch real gesehen. Die Warenhäuser allein entwickelten sich etwas weniger stark als die Grossverteiler, wobei wie schon in den vergangenen Jahren der Non-Food-Bereich wesentlich besser abschnitt als der Food-Bereich. Insbesondere die Verkaufserlöse von Frischprodukten entwickelte sich - massgeblich vom Rückgang der Fleischpreise beeinflusst - nur verhalten. Insgesamt entwickelten sich die Grossverteiler/Warenhäuser der Nordwestschweiz besser als die gesamtschweizerische Branche, wenn man als Vergleichsbasis die Zunahme des Detailhandelsvolumens um 4.3% in der gesamten Schweiz heranzieht. Im Gegensatz zum Vorjahr, in welchem durch Jubiläumsaktionen und Vergrösserungen der Verkaufsfläche ausserordentlich günstige Resultate erzielt werden konnten, kann das Jahr 1991 eher als durchschnittliches, angesichts der allgemeinen Wirtschaftsentwicklung aber durchaus als zufriedenstellendes Jahr betrachtet werden. Mit zum Ergebnis beigetragen hat auch die Tatsache, dass die Warenkosten nur um 3.8% gestiegen sind, und damit die Marge leicht verbessert werden konnte. Auch die Personalkosten stiegen weniger stark als die Wertschöpfung, was einen positiven Einfluss auf die Gewinnsituation der Unternehmungen hatte.

Die Grossverteiler haben in jüngster Zeit begonnen, ihre grenzüberschreitende Tätigkeit aufzubauen: im Herbst 1992 wurde erstmals in enger Zusammenarbeit zwischen einem schweizerischen und einem französischen Grossverteiler ein Supermarkt im Elsass eröffnet, in Lörrach ist ein ähnlicher Schritt, wenn auch mit einem anderen Betriebskonzept für die nahe Zukunft geplant.

8. Übrige Dienstleistungen

Arbeitsplätze 1990/91:	19'212	(+ 3.1 %)
Arbeitsplätze 1991/92:	19'446	(+ 1.2 %)
Wertschöpfung 1991:	1'484.3 Mio Franken	(+ 2.8 %)
Personalkosten 1991:	1'397.0 Mio Franken	(+12.3 %)
Exportwertschöpfung 1991:	61.5 Mio Franken	(+ 5.3 %)
Wertschöpfung pro Arbeitsplatz 1991:	Fr. 77'300.–	(– 0.3 %)
Personalkosten pro Arbeitsplatz 1991:	Fr. 72'700.–	(+ 9.0 %)

Entsprechend der Grundausrichtung der Wirtschaftsstudie Nordwestschweiz, die das Hauptaugenmerk auf die Entwicklung jener Branchen richtet, welche Wertschöpfung aus Exporterlösen erwirtschaften, werden viele der fast ausschliesslich regional tätigen Branchen des Dienstleistungssektors unter der Überschrift "Übrige Dienstleistungen" zusammengefasst, obschon dieses Konglomerat beschäftigungsmässig grösser ist als einige der vorne detaillierter behandelten Branchen.

Zu dieser Gruppe der "Übrigen Dienstleistungen" gehören die in Tabelle 3 aufgelisteten Branchen mit 19'200 Beschäftigten und einer Wertschöpfung von 1'484.3 Mio Franken im Jahre 1991.

Tab. 3: Gruppe der "Übrigen Dienstleistungen"

Branche	Vollarbeitsplätze 1991	Wertschöpfung 1991
Handelsvermittlung	317	38.4
Finanzgesellschaften	452	61.6
Immobilien/Vermietung	1'214	105.7
Forschung/Entwicklung	954	89.2
Verlage	630	36.2
Kultur/Sport	2'930	270.2
Sonstige Dienstleistungen	12'715	883.0
Total Übrige Dienstleistungen	19'212	1'484.3

Im Bereich *Messen und Kongresswesen* konnte 1991 dank Preiserhöhungen und der Durchführung einiger ertragsstarker Messen eine reale Wertschöpfungssteigerung erwirtschaftet werden. Erträge und Cash flow entwickelten sich positiv, wenn auch weniger stark als die Kosten, die in erster Linie vom Zuwachs der Personalkosten und der Zinskosten geprägt waren.

Im *Immobilienbereich* hat die Nordwestschweiz 1991 etwas weniger stark gelitten als andere schweizerische Regionen. Die Immobilien/Vermietungsbranche hat indes nominell gesehen trotzdem stagniert und damit real an Wertschöpfung verloren. Diese Aussage bezieht sich selbstverständlich auf die *Ertragsentwicklung*, welche weit stabiler ist als die Entwicklung der *Immobilienwerte*. Der Immobilienhandel hat in den achtziger Jahren losgelöst von der realwirtschaftlichen Entwicklung einen eigentlichen Boom erlebt, welcher zu massiven Wertsteigerungen und erheblichen Gewinnen führte. Hohe Kapitalkosten und fallende Renditen haben in der Zwischenzeit zu ebenso deutlichen Korrekturen geführt und eine Marktbereinigung ausgelöst. Die Erhöhung der Zinssätze für Neuhypotheken von 5% auf über 8% stürzten zusammen mit der einsetzenden Rezession und der überhöhten hypothekarischen Belehnung vieler Liegenschaften den Immobiliensektor in eine Krise, welche gesamtschweizerisch zu einer erheblichen Zahl von Konkursen führte und sich auch in der Jahresrechnung etlicher Bauunternehmungen negativ auswirkte. Infolge der politisch behinderten Anpassung der Mieten an die Kostenentwicklung stieg die aus der Wohnungsvermietung erzielte Wertschöpfung nur in geringem Ausmass. Aus demselben Grund, aber auch wegen der nahezu vollständigen Auslastung der Wohnungen in der Region entwickelten sich die Mietpreise nach dem Überschreiten des Zinszenits aber ebenfalls nicht rückläufig, so dass die Branche auch im Jahr 1992 eine ähnliche Entwicklung erlebt wie im Jahr zuvor.

Teil IV

Die Entwicklung 1991/92 im Gewerbe

Lic. rer. pol. Peter Grieder MBA

1. Gesamtübersicht

2. Bauhauptgewerbe

3. Ausbaugewerbe

4. Fachhandel

5. Gastgewerbe

6. Übriges Gewerbe

1. Gesamtübersicht

Noch 1990 konnte das Gewerbe ausgezeichnete Ergebnisse erwirtschaften und übertraf die übrigen Wirtschaftssektoren in seinem Wachstum in fast allen Belangen. Dieses Bild hat sich 1991 schlagartig verändert: Das Gewerbe blieb in seiner Entwicklung deutlich hinter den anderen beiden Wirtschaftssektoren zurück. Die Stagflation in der Schweiz hatte zur Folge, dass nur ein kleines Wertschöpfungswachstum realisiert werden konnte, jedoch gleichzeitig hohe Personalkosten anfielen. Das rückläufige Auftragsvolumen bewirkte eine Stagnation bei den Arbeitsplätzen und verursachte einen Anstieg bei der Kurzarbeit.

Für das schlechte Resultat zeichneten vor allem das Baugewerbe und das Gastgewerbe verantwortlich: Das Bauhauptgewerbe konnte 1991 zwar noch von den Aufträgen der öffentlichen Hand im Tiefbau profitieren, der Wohnungsbau und der industriell-gewerbliche Hochbau entwickelten sich aber bereits negativ und 1992 blieben auch die Impulse durch den Staat aufgrund finanzieller Probleme aus. Nebst dem konjunkturell ungünstigen Umfeld und strukturellen Problemen machte der rückläufige internationale Reiseverkehr dem lokalen Gastgewerbe zu schaffen. Gute Resultate konnten eigentlich nur die dienstleistenden Gewerbebranchen (Beratungsgewerbe, Medizinalgewerbe) erzielen.

Die Bemühungen für den Umweltschutz und die Nachwuchsförderung wurden mit Hilfe der Gewerbeverbände noch intensiviert: Insbesondere im Bereich Abfallmanagement und Vermeidung und Entsorgung von Sonderabfällen wurden im Baugewerbe Konzepte erarbeitet. Ähnliche Projekte sind auch im Detailhandel und im Gastgewerbe geplant. Die grossen Anstrengungen, welche die Branchenverbände bei der Nachwuchsförderung unternommen haben (Präsenz an Messen, Veranstaltung von eigenen Anlässen für Schulabgänger etc.), haben zusammen mit der konjunkturell bedingten Situation auf dem Arbeitsmarkt dafür gesorgt, dass sich dieses Problem etwas entschärft hat.

1992 haben sich die wirtschaftlichen Tendenzen von 1991 fortgesetzt und die Differenz zwischen Arbeitsproduktivität und Personalkosten pro Vollarbeitsplatz hat sich nochmals verringert. Eine spürbare Entspannung bei den Personalkosten dürfte wohl erst 1993 durch die Ende 1992 ausgehandelten Gesamtarbeitsverträge stattfinden. Auf der Ertragsseite hingegen sind die Aussichten alles andere als gut: Nebst dem schlechten konjunkturellen Umfeld lassen die Ablehnung des EWR-Vertrags durch den Souverän vom 6.12.92 und die sehr angespannte finanzielle Lage des Kantons Basel-Stadt wenig Optimismus zu. Das Basler Gewerbe hat klar seine Unterstützung für das Sanierungspaket I der baselstädtischen Regierung bekanntgegeben, obwohl insbesondere dem Baugewerbe damit bei Grossprojekten hohe Einnahmen entgehen.

Die Auswirkungen der Ablehnung des EWR auf das Gewerbe sind schwierig abzuschätzen: Es ist jedoch offensichtlich, dass die Exportindustrie Investitionen vermehrt im Ausland tätigen wird. Das zuliefernde Gewerbe, dessen hohe Abhängigkeit von der chemischen Industrie in der Nordwestschweiz in einer Studie bereits belegt wurde, wird dementsprechend Einbussen hinnehmen müssen. Schliesslich wird die Verlagerung von Arbeitsplätzen und Einkommen ins Ausland auch unvorteilhafte Auswirkungen auf den Konsum und damit den Fachhandel haben.

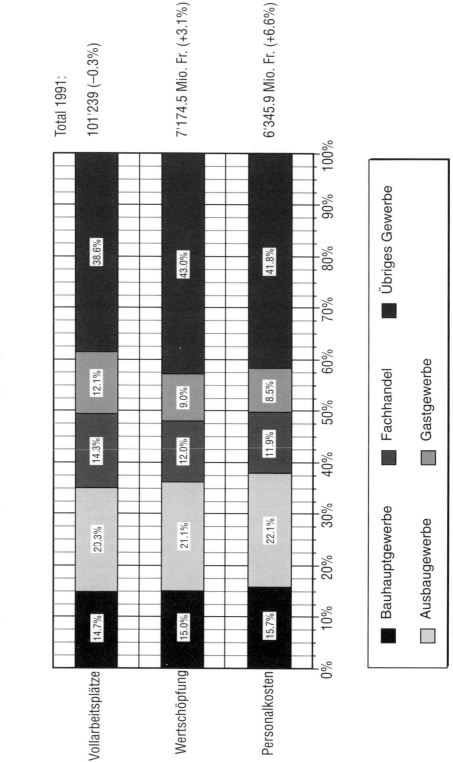

Abb. 1: Verteilung 1991 im Gewerbe

2. Bauhauptgewerbe

Arbeitsplätze 1990/91:	14'878	(− 2.6 %)
Arbeitsplätze 1991/92:	14'788	(− 0.6 %)
Wertschöpfung 1991:	1'075.1 Mio. Franken	(+ 6.8 %)
Personalkosten 1991:	998.4 Mio. Franken	(+10.0 %)
Exportwertschöpfung 1991:	32.3 Mio. Franken	(+ 6.8 %)
Wertschöpfung pro Arbeitsplatz 1991:	Fr. 72'300.−	(+ 9.7 %)
Personalkosten pro Arbeitsplatz 1991:	Fr. 67'100.−	(+13.0 %)

Das Bauhauptgewerbe gehörte 1991 zu denjenigen Branchen, welche am meisten unter dem schlechten wirtschaftlichen Umfeld zu leiden hatten. Die Stagflation und die hohen Hypothekarzinssätze in der Schweiz führten dazu, dass sich die Wertschöpfung im Hochbau 1991 nicht befriedigend entwickeln konnte. Es ist den deutlichen Impulsen der öffentlichen Hand im Tiefbau insbesondere im Kanton Basel-Landschaft zu verdanken, dass gesamthaft dennoch ein recht gutes Wertschöpfungswachstum erzielt werden konnte. Gleichzeitig musste aber auch das grösste Personalkostenwachstum im Gewerbe verzeichnet werden, so dass sich die Differenz zwischen Wertschöpfung pro Vollarbeitsplatz und Personalkosten pro Vollarbeitsplatz deutlich zurückbildete (-20% !).

Die wesentlichen Indikatoren (Arbeitsvorrat, Auftragseingang und Bauvorhaben) deuten nicht nur erwartungsgemäss auf eine unterschiedliche Entwicklung zwischen Hoch- und Tiefbau hin, sondern auch auf kantonale Differenzen. Dabei haben sich folgende Tendenzen herauskristallisiert:

− Bei allen drei Grössen federte der Tiefbau 90/91 mit starken Zuwachsraten die mässigen (Basel-Landschaft) bzw. schlechten (Basel-Stadt) Resultate im Hochbau ab und verhinderte so ein noch schlechteres Ergebnis. In der Periode 91/92 allerdings war der Tiefbau mit deutlich schwächeren Ergebnissen als der Hochbau hauptverantwortlich für die ungünstigen Gesamtresultate. Diese Entwicklung ist u.a. auf die budgetären Probleme der öffentlichen Hand zurückzuführen, welche Bauprojekte zurückgestellt, redimensioniert oder gar gestrichen hat.

− Allgemein lässt sich sagen, dass der Kanton Basel-Stadt im Hoch- und Tiefbau tendenziell die höheren positiven bzw. die niedrigeren negativen Wachstumsraten aufweist als der Kanton Basel-Landschaft. Besonders deutlich kommt dies 1990 zum Ausdruck, als Basel-Stadt wegen des sehr starken Tiefbaus markant höhere Zuwachsraten als Basel-Landschaft erzielte.

1991 nahm in der Nordwestschweiz die Bautätigkeit noch um etwa 3% zu, wobei deutliche Unterschiede in den kantonalen Ergebnissen zu beobachten waren: In Basel-Stadt wuchs die Bautätigkeit 90/91 um bloss 1%, einem Rückgang um 3% im öffentlichen Bereich stand ein Wachstum von 2% im privaten Bereich gegenüber. Bei der öffentlichen Bautätigkeit konnte das starke Wachstum im Tiefbau den deutlichen Rückgang im Hochbau ausgleichen, bei der privaten Bautätigkeit war es der übrige Privatbau, welcher bei Stagnation in den Bereichen Gewerbe, Industrie sowie Wohnungsbau ein schlechteres Ergebnis verhinderte.

Im Kanton Basel-Landschaft entwickelte sich die Bautätigkeit 90/91 deutlich besser. Dieses Wachstum ist jedoch auf sehr hohe Zuwachsraten im öffentlichen Bereich zurückzuführen, währenddem der private Bereich praktisch stagnierte. Das schlechtere Ergebnis von Basel-Stadt wird insofern relativiert, als dass Basel-Stadt in der vorhergehenden Periode deutlich höhere Zuwachsraten realisieren konnte als Basel-Landschaft.

Zur Zeit ist es eher schwierig, die Zukunftsaussichten des Bauhauptgewerbes abzuschätzen:

— Investitionen der öffentlichen Hand: In der Nordwestschweiz stehen verschiedene Grossprojekte an (NEAT, Bahn u. Bus 2000, Masterplan), welche das Baugewerbe zusätzlich beleben könnten. Insbesondere die NEAT, welche auch Folgeinvestitionen (Anschluss durch die Deutsche Bahn, eventuell Bau einer Brücke über den Rhein) verursacht, könnte sich sehr positiv auswirken. Es stellt sich jedoch angesichts der prekären budgetären Situation der öffentlichen Hand die Frage, ob und in welchem Umfang diese die Investitionen finanzieren will und kann. Insbesondere im Kanton Basel-Stadt, dessen Entwicklung der Staatsfinanzen als kritisch bezeichnet werden muss, ist mit einschneidenden Kürzungen zu rechnen. Das Sanierungspaket I der baselstädtischen Regierung weist für das Baudepartement ein Sanierungspotential von 37.5 Mio. bei den einmaligen Ausgaben und 24.9 Mio. bei den laufenden Ausgaben aus. Die grössten Sparpotentiale betreffen Projekte im Bereich des öffentlichen Verkehrs (Masterplan, Liniennetz 90) und die Nordtangente, bei welcher Einsparungen in der Höhe von mindestens 100 Mio. erzielt werden sollen.

— Zinsen: Nach der Ablehnung des EWR hat der Franken zur Überraschung vieler gegenüber den wichtigen Währungen Terrain gewonnen und die zinspolitische Lage hat sich entspannt. Diese Entwicklung ist aber nicht etwa auf Stärken der Schweiz, sondern auf die Probleme der EG (Maastricht, Europäisches Währungssystem) zurückzuführen. Es wird nun davon abhängen, wie gut und schnell Bundesrat und Parlament dringend notwendige interne Reformen und integrationspolitische Massnahmen realisieren können. Falls es nicht gelingt, in dieser Hinsicht bedeutende Fortschritte zu erzielen, so ist mittel- bis langfristig eine erneute Anspannung bei den Zinsen möglich.

Die Ablehnung des EWR-Vertrags sollte die Unternehmen im Baugewerbe nicht dazu verleiten, sich zurückzulehnen und notwendige Restrukturierungen und Rationalisierungsmassnahmen nicht durchzuführen. Denn es ist offensichtlich, dass die europäische Integration mittelfristig auch in der Schweiz vollzogen wird und im Raum Basel wird dies voraussichtlich sogar noch schneller geschehen. Es gibt einige Beispiele der jüngsten Vergangenheit für Unternehmen der Nordwestschweiz, welche entsprechende Massnahmen verwirklicht bzw. in Angriff genommen haben; so soll der Bau der neuen Produktionsanlage einer Metallbauunternehmung in Kleinhünningen (voraussichtlich bis Ende 1994 bezugsbereit) dank modernster Betriebsmittel eine Produktivitätssteigerung von über 20% ermöglichen und die Gründung einer gemeinsamen Tiefbauunternehmung durch zwei grosse Basler Baufirmen soll Synergien nutzen und für anstehende Grossprojekte in der Regio den beiden Firmen eine gute Ausgangsposition verschaffen. Das Schweizer Baugewerbe ist in Südbaden durchaus konkurrenzfähig. Gemäss einer Umfrage des Verbandes der Bauwirtschaft Südbadens wurden 1991 Aufträge in der Höhe von 95.5 Mio. Mark oder ca. 20% des Gesamtauftragsvolumens an schweizerische Unternehmen mit Sitz in der Schweiz oder in Deutschland vergeben. In Südbaden mehren sich deshalb die Stimmen, welche die Aufhebung des Drei-Ministererlasses von 1961 fordern, der besagt, dass Schweizer Angebote genau gleich behandelt werden wie Angebote aus EG-Staaten. Ein EWR-Beitritt hätte ein derartiges Unterfangen unterbunden, nach der Ablehnung des EWR-Vertrages wird die Nordwestschweiz nun mit ihren Partnern aus Baden-Württemberg und dem Elsass zusammensitzen und neue Rahmenbedingungen aushandeln müssen.

3. Ausbaugewerbe

Arbeitsplätze 1990/91:	20'535	(± 0.0 %)
Arbeitsplätze 1991/92:	21'552	(+ 5.0 %)
Wertschöpfung 1991:	1'511.8 Mio. Franken	(+ 1.8 %)
Personalkosten 1991:	1'401.9 Mio. Franken	(+ 6.7 %)
Exportwertschöpfung 1991:	120.9 Mio. Franken	(+ 1.8 %)
Wertschöpfung pro Arbeitsplatz 1991:	Fr. 73'600.–	(+ 1.8 %)
Personalkosten pro Arbeitsplatz 1991:	Fr. 68'300.–	(+ 6.7 %)

Die schlechte Vorlage des Hochbaus lähmte die Entwicklung des Ausbaugewerbes, welches mit derselben Problematik kämpft wie das ganze Gewerbe: Dem geringen Wertschöpfungswachstum von +1.8% steht bei einer Stagnation der Vollarbeitsplätze ein Personalkosten-Wachstum von +6.7% gegenüber.

Die Ergebnisse in den Subbranchen zeigten sich durchmischt und bestätigten das Bild, welches sich bereits letztes Jahr präsentiert hatte:

– Diejenigen Branchen, welche durch einen hohen technologischen Fortschritt gekennzeichnet sind, konnten überdurchschnittliche Wachstumsraten bei der Wertschöpfung bei stagnierenden Arbeitsplätzen aufweisen: Die HLK-Branche erzielte mit einem Wertschöpfungszuwachs von +10% ein ausgezeichnetes Ergebnis. Diese Branche profitiert von gesetzlichen Auflagen hinsichtlich Umweltschutz und angesichts der verschärften Vorschriften der Luftreinhalteverordnung sind auch die Zukunftsaussichten intakt. Gute Resultate konnten ebenfalls die Isolierer sowie die Spengler vorweisen, währenddem die Elektriker wegen eines Preiskriegs einen deutlichen Wertschöpfungsrückgang in Kauf nehmen mussten.

– Schlechte Resultate erzielten erneut die stark vom Bauhauptgewerbe abhängigen sowie die homogene Produkte anbietenden Branchen (Maler, Schreiner, Glaser u.ä.). Diese Entwicklung hat sich in jüngster Vergangenheit weiter fortgesetzt, so dass 91/92 deutliche Wertschöpfungseinbussen bei hohem, wenn auch sinkendem Personalkosten-Wachstum und leicht rückläufigen Arbeitsplätzen zu verzeichnen waren.

Nachdem im Ausbaugewerbe 1991 im Gegensatz zum Bauhauptgewerbe die Preise gehalten werden konnten, werden die Stundenansätze 1992 real leicht nach unten tendieren. Das schlechte konjunkturelle Umfeld und die angespannte Situation auf dem Arbeitsmarkt sollten dafür sorgen, dass sich das Problem der fehlenden Nachwuchskräfte (Gipser, Glaser, Schreiner, Dachdecker) etwas entschärft. Auch im Umweltschutz konnten weitere Fortschritte erzielt werden: Nachdem bei den Malern das Entsorgungskonzept erfolgreich verwirklicht werden konnte, besteht für die dem Verband Basler Elektroinstallateure angeschlossenen Firmen seit dem 1.12.92 die Möglichkeit, ihre Problemabfälle fachgerecht entsorgen zu lassen. Die Kosten für die Entsorgung tragen vorderhand die Unternehmen, zu einem späteren Zeitpunkt sollen sie allerdings über den Preis auf den Konsumenten überwälzt werden. Dies setzt allerdings voraus, dass das Konzept gesamtschweizerisch verwirklicht ist.

Der Kanton Basel-Stadt hat aufgrund der sehr angespannten Finanzlage die Liberalisierung des Submissionswesens aus eigener Initiative vorangetrieben. Dies bedeutet, dass sich das Ausbaugewerbe auf rauhere Zeiten gefasst machen muss. Die Änderungen im baselstädtischen Submissionswesen werden eine deutlich stärkere Konkurrenz durch schweizerische Betriebe mit sich bringen. Zudem wird auch die Ablehnung des EWR und die damit verbundene Verlagerung von Bauprojekten der chemischen Industrie ins Ausland dem Ausbaugewerbe Einbussen verursachen. Es ist daher dringend notwendig, dass die Unternehmen ihre Konkurrenzfähigkeit verbessern (Rationalisierung von betrieblichen Prozessen, Optimierung der Betriebsgrössen, Nutzung von Synergien mit anderen Unternehmen). Die besten Aussichten haben diejenigen Subbranchen, bei welchen entweder ein hoher technologischer Fortschritt stattfindet (Elektrobranche, HLK) oder welche ihre Dienstleistung billiger erbringen können als firmeneigenes Personal (Gebäudereiniger).

4. Fachhandel

Arbeitsplätze 1990/91:	14'502	(+ 0.4 %)
Arbeitsplätze 1991/92:	14'660	(+ 1.1 %)
Wertschöpfung 1991:	857.9 Mio. Franken	(+ 1.3 %)
Personalkosten 1991:	753.5 Mio. Franken	(+ 7.2 %)
Exportwertschöpfung 1991:	58.3 Mio. Franken	(+ 1.4 %)
Wertschöpfung pro Arbeitsplatz 1991:	Fr. 59'200.–	(+ 0.9 %)
Personalkosten pro Arbeitsplatz 1991:	Fr. 52'000.–	(+ 6.8 %)

Das unsichere konjunkturelle Umfeld und die Angst um den Arbeitsplatz hatten in den letzten zwei Jahren eine stetige Verschlechterung der Konsumentenstimmung zur Folge und ein Ende dieser Entwicklung ist momentan nicht absehbar. Dementsprechend konnte der Fachhandel 1991 nur ein geringes Wertschöpfungswachstum (+1.3%) erarbeiten, zugleich musste man eine deutliche Erhöhung der Personalkosten hinnehmen. Die Tendenz des Konsumenten, vermehrt bei Grossverteilern zu kaufen und so zu sparen, hat sich in der letzten Zeit wieder verstärkt und manifestiert sich auch in den vorliegenden Ergebnissen.

Die Entwicklung der einzelnen Subbranchen zeigt sich deutlich homogener als z.B. im Ausbaugewerbe:

– Überdurchschnittliche Resultate wurden in den Bereichen Sportartikel, Lebensmittel, Papeteriewaren und Drogerien/Parfumerien erzielt. Im Sportartikelhandel wuchs die Wertschöpfung deutlich und stärker als die Personalkosten an, so dass sich auch die Ertragslage verbesserte. Diese positive Entwicklung ist auf den Nachholbedarf der letzten Jahre sowie auf die günstigen klimatischen Bedingungen und überdurchschnittliche Preiserhöhungen zurückzuführen. Erwartungsgemäss konnte sich auch der vergleichsweise konjunkturresistente Lebensmittelfachhandel ansprechend entwickeln. Da die Wertschöpfung bei stagnierenden Arbeitsplätzen nur leicht stärker anwuchs als die Personalkosten, konnten die Erträge nur geringfügig gesteigert werden.

– Eine grosse Mehrheit der Subbranchen verzeichnete eine stagnierende oder nur schwach wachsende Wertschöpfung bei einem gemässigten Personalkosten-Wachstum.

Der Anstieg der Arbeitslosigkeit und der Kurzarbeit hatte eine dämpfende Wirkung auf den Konsum im Detailhandel. Davon waren vor allem Non-Food Branchen betroffen, wie z.B. die Bereiche Uhren/Bijouterie, Foto/Radio/TV, Möbel/Wohnbedarf oder Lederwaren, währenddem der Textil- und Bekleidungsdetailhandel und der Lebensmittelfachhandel von dieser Entwicklung vergleichsweise weniger stark tangiert worden sind.

Der Einkaufstourismus, welcher vor allem den Lebensmitteldetailhandel der Nordwestschweiz hart trifft, hat noch zugenommen. Die unterschiedlichen Besteuerungssätze bei Verbrauchsgütern und die Landwirtschaftspolitik der Schweiz verursachen dem Detailhandel der Nordwestschweiz entgangene Umsätze in der Höhe von gut 700 Mio. Fr. Die jährlich wachsenden Preisdifferenzen, insbesondere was Fleisch- und Milchwaren betrifft, haben diese Entwicklung zusätzlich beschleunigt.

Nachdem sich der Detailhandel auch 1992 nicht befriedigend entwickeln konnte, hofften viele Unternehmen auf das Weihnachtsgeschäft. Im Basler Detailhandel verlief dieses, im Gegensatz zur übrigen Schweiz, zufriedenstellend. Ganz offensichtlich ist das Preis- und Qualitätsbewusstsein beim Konsumenten gestiegen, dies tat der Nachfrage jedoch keinen Abbruch. So ging das Jahr 1992 für den Detailhandel der Nordwestschweiz doch noch erfreulich zu Ende.

5. Gastgewerbe

Arbeitsplätze 1990/91:	12'231	(− 1.6 %)
Arbeitsplätze 1991/92:	11'741	(− 4.0 %)
Wertschöpfung 1991:	648.2 Mio. Franken	(− 2.1 %)
Personalkosten 1991:	536.8 Mio. Franken	(+ 5.4 %)
Exportwertschöpfung 1991:	73.3 Mio. Franken	(− 2.1 %)
Wertschöpfung pro Arbeitsplatz 1991:	Fr. 53'000.−	(− 0.6 %)
Personalkosten pro Arbeitsplatz 1991:	Fr. 43'900.−	(+ 7.1 %)

1991 war für das Gastgewerbe ein ausgesprochen schlechtes Jahr: Mit einem Wertschöpfungsrückgang von gut 2% musste das schlechteste Resultat aller Branchen des Gewerbes verzeichnet werden. Dieses Ergebnis wird ein wenig durch die Tatsache relativiert, dass sich die Anzahl der Vollarbeitsplätze überdurchschnittlich stark zurückbildete. Für die unerfreuliche Entwicklung ist in erster Linie das Hotelleriegewerbe verantwortlich, das Restaurationsgewerbe konnte noch einen kleinen Wertschöpfungszuwachs realisieren:

- Hotelleriegewerbe: Im Basler Fremdenverkehr gingen die Logiernächte 1991 um 5.9% zurück. Bei den Inlandgästen konnte noch eine Zunahme um 3.6% registriert werden, bei den Auslandgästen hingegen bildeten sich die Logiernächte um 9.9% zurück. Besonders hohe Einbrüche waren durch den Golfkrieg bedingt bei den Amerikanern (-29%) und den Engländern (-20%) zu verzeichnen, welche nach Deutschland anteilmässig die zwei wichtigsten Nationen sind. Das schlechte wirtschaftliche Umfeld hatte einen Rückgang beim allgemeinen Freizeittourismus zur Folge und trug so zum unbefriedigenden Ergebnis bei. Hauptsächlich aufgrund dieser Entwicklung resultierte ein Rückgang der Übernachtungen um 2.3% in den ersten neun Monaten 1992. Durch den Wegfall der politischen Komponente hat sich denn auch die Entwicklung zwischen Inlands- und Auslandsgästen verschoben: Die Zahl der Auslandgäste stagnierte, diejenige der Inlandsgäste nahm um 7.1% ab. Der wiedererstarkte Dollar lässt für die Zukunft eine steigende Zahl von Gästen aus den USA erwarten. Bei den Briten hingegen werden sich aufgrund des schwachen Pfunds sowie der schwierigen wirtschaftlichen Lage Englands die Logiernächte in einer Höhe unterhalb des Standes vor dem Golfkrieg einpendeln. Die Logiernächte der Deutschen nahmen bereits 1991 um 3.8% ab und dieser Trend hat sich in den ersten neun Monaten 1992 fortgesetzt. Angesichts der gedrückten Konsumentenstimmung und absehbarer Erhöhungen von Gebühren und Steuern ist es wenig wahrscheinlich, dass sich diese Entwicklung kurzfristig ändert. Eine gegenüber dem Schweizer Franken erstarkte Deutsche Mark könnte dieser Entwicklung allerdings entgegenwirken.

- Das Restaurationsgewerbe konnte 1991 noch einen geringen Wertschöpfungszuwachs erzielen, zugleich stiegen aber die Personalkosten massiv an. Die missliche Situation der Gaststätten ist darauf zurückzuführen, dass in der Schweiz und insbesondere in den Städten ein massives Überangebot besteht. In wirtschaftlich guten Zeiten ist dies kein Problem, doch das rezessive Klima in der Schweiz hat für das Restaurationsgewerbe unerfreuliche Folgen: Die Kunden werden preisbewusster und konsumieren weniger, Angestellte essen vermehrt wieder in der Kantine und die Ausgaben für Geschäftsessen werden gekürzt. Die Umsatzeinbussen werden verschärft durch Probleme auf der Kostenseite: Stetig steigende Pachtzinsen, vermehrte Sozialabgaben, die Ausrichtung des 13. Monatslohns und teurer werdende Materialien bringen die Wirte in arge Nöte. Zudem fehlen oft die Reserven für notwendige Investitionen. Es ist offensichtlich, dass auch hier eine Konzentration stattfindet und noch stattfinden wird. Dies dürfte wohl vor allem die traditionelle "Beiz", das Lokal um die Ecke, treffen, während Spezialitätenrestaurants sowie Bars und Pubs davon nur geringfügig tangiert werden.

Das Gastgewerbe wird nach 1991 auch 1992 verglichen mit anderen Branchen ein unbefriedigendes Resultat erzielen. Die mittelfristige Entwicklung hängt von verschiedenen Faktoren ab: Die Ablehnung des EWR und der damit nicht stattfindende Wachstumsimpuls hat negative Auswirkungen auf die Konsumentenstimmung und damit auf den Konsum im Gastgewerbe. Zudem verschärft er die Probleme bei der Suche nach qualifizierten Arbeitskräften. Eigentliche Vorteile ergeben sich für das Gastgewerbe daraus keine: Längerfristig ist eine Liberalisierung bei der Beschäftigung ausländischer Arbeitnehmer im Sinne der europäischen Integration (Wegfall des Saisonniersstatuts) und somit eine Erhöhung der Personalkosten wahrscheinlich. Wünschenswert wäre es ebenfalls, wenn die Gesetzgebung dahingehend angepasst würde, dass sich das Gastgewerbe frei entfalten kann (z.B. Abschaffung der Bedürfnisklausel). Entscheidend wird schliesslich auch sein, ob das Gastgewerbe seine Image-Probleme als Arbeitgeber lösen und genügend qualifizierte Nachwuchskräfte rekrutieren kann. Erst wenn im Restaurationsgewerbe die Unternehmenskonzentration zu einer gesunden Anzahl Betriebe geführt hat und die Konsumentenstimmung aufgrund eines verbesserten wirtschaftlichen Klimas gestiegen ist, kann wieder mit guten Ergebnissen gerechnet werden.

6. Übriges Gewerbe

Arbeitsplätze 1990/91:	39'093	(+ 0.8 %)
Arbeitsplätze 1991/92:	38'753	(– 0.9 %)
Wertschöpfung 1991:	3'081.5 Mio. Franken	(+ 4.2 %)
Personalkosten 1991:	2'655.2 Mio. Franken	(+ 5.3 %)
Exportwertschöpfung 1991:	107.9 Mio. Franken	(+ 5.6 %)
Wertschöpfung pro Arbeitsplatz 1991:	Fr. 78'800.–	(+ 3.4 %)
Personalkosten pro Arbeitsplatz 1991:	Fr. 67'900.–	(+ 4.5 %)

Die Regio Wirtschaftsstudie Nordwestschweiz definiert das Übrige Gewerbe als die Summe der Subbranchen Nahrungs-/Genussmittel, Textil/Bekleidung/Schuhe, Graphisches Gewerbe, Auto/Verkehr, Beratung, Medizinalgewerbe und Sonstiges verarbeitendes Gewerbe. Das Medizinalgewerbe und das Beratungsgewerbe konnten die wirtschaftliche Entwicklung noch ausgeglichen gestalten, die restlichen Subbranchen hingegen erzielten nur unbefriedigende Resultate.

Der Bereich *Nahrungs-/Genussmittel* musste 1991 bei einer stagnierenden Wertschöpfung ein hohes Personalkostenwachstum hinnehmen; nebst dem vollen Teuerungsausgleich machten den Bäckern und Metzgern auch höhere Gebühren zu schaffen. Bei den Bäckern hat sich aufgrund geänderter Konsumgewohnheiten (Wunsch nach Produktevielfalt) der Anteil der Personalkosten an den Gesamtkosten auf etwa 30 bis 36% erhöht. Allgemein lässt sich die Tendenz zu grösseren Betrieben bzw. Betrieben mit Filialen bei gleichzeitigem langsamen Rückgang der Betriebsanzahl beobachten. Bei den Metzgern findet diese Entwicklung ebenfalls und deutlich schneller statt.

Die Gewerbetreibenden in der Branche *Textil/Bekleidung/Schuhe* kämpften 1991 bei einer stagnierenden Wertschöpfung nicht nur mit konjunkturell bedingten, sondern auch mit grossen strukturellen Problemen: Bei den Schneidern ist die Betriebsanzahl wegen der Massen-Konfektion in den letzten 20 Jahren drastisch zurückgegangen und hat sich nun auf einem sehr tiefen Niveau stabilisiert. Eine ausgezeichnete qualitative Arbeit und eine treue Stammkundschaft sind Voraussetzungen, um zu überleben.

Auch die *Schuhmacher* haben aufgrund der billigen Schuhpreise grosse Schwierigkeiten. Diese können jedoch z.T. umgangen werden, indem das Angebot erweitert wird (Schlüssel) und der gesundheitliche Aspekt betont wird. Sowohl bei Schuhmachern als auch bei Schneidern besteht das Problem der Überalterung und fehlender Nachwuchskräfte. Zudem verunmöglicht die kleine Betriebsgrösse Investitionen zur Rationalisierung des Arbeitsprozesses.

Im *graphischen Gewerbe* bildete sich 1991 der Auftragseingang und die Beschäftigung zurück. Der Umsatz konnte sich noch befriedigend entwickeln, die Ertragslage hingegen verschlechterte sich. Insbesondere der Satz/Repro-Bereich, welcher wegen des rasanten technologischen Fortschritts hohe Investitionen innert sehr kurzer Zeit abschreiben muss, kämpfte mit Schwierigkeiten: Das negative konjunkturelle Umfeld hatte eine schlechte Auslastung der Anlagen zur Folge und die Kosten konnten nicht oder nur z.T. auf den Kunden abgewälzt werden. Die Buchverlage wiesen erneut den besten Geschäftsgang aus. Die Erträge stiegen hier noch deutlich an. Die Umsatz- und Gewinnsteigerungen wurden bei nur leicht höheren Preisen und mit einem geringeren Personalbestand erzielt. Der Investitionsrhythmus lag einmal mehr über dem Branchendurchschnitt, was den Buchverlegern wieder ermöglichte, Rationalisierungseffekte zu erzielen. Einen befriedigenden Geschäftsverlauf mit zum Teil beachtlichen Umsatzsteigerungen verzeichneten auch die Zeitschriftenverlage.

Das *Beratungsgewerbe* erzielte 1991 sehr hohe Wachstumsraten sowohl bezüglich Wertschöpfung als auch Personalkosten, so dass der Produktivitätszuwachs praktisch durch das hohe Wachstum der Personalkosten pro Vollarbeitsplatz zunichte gemacht wurde. Insbesondere der Bereich Unternehmens- und Finanzberatung entwickelte sich erfreulich. In einer Rezession manifestiert sich der Bedarf für Restrukturierungs- und Rationalisierungsmassnahmen besonders deutlich; zur Verwirklichung derselben werden oftmals externe Beratungsdienstleistungen in Anspruch genommen. Das technische, baunahe Beratungsgewerbe (Architekten, Ingenieure) hingegen konnte 1991 nur ein unbefriedigendes Ergebnis erzielen: Die schlechte Vorlage durch das Bauhauptgewerbe, die angespannte Situation der öffentlichen Hand sowie die unerfreuliche Entwicklung bei Auftragsbeständen und -eingängen in der jüngsten Vergangenheit lassen auch für die nähere Zukunft keine allzu optimistischen Prognose zu.

Das *Medizinalgewerbe* konnte 1991 ein reales Wertschöpfungswachstum realisieren, gleichzeitig wuchsen jedoch die Personalkosten bei einem für das Gewerbe überdurchschnittlichem Beschäftigungszuwachs prozentual gleich stark an. Es wird sich zeigen müssen, ob die gesetzlichen Massnahmen zur Kostendämpfung im Gesundheitswesen greifen werden: Der Gesetzesentwurf für das Bundesgesetz über die Krankenversicherung sieht ein totales Versicherungsobligatorium und einen Ausbau der Versicherungsleistungen vor und trägt somit wenig zur Kostenreduktion bei. Die Aussichten für das Medizinalgewerbe sind recht gut, da die Nachfrage nach medizinischen Dienstleistungen ziemlich konjunkturunabhängig ist und man die Personalkosten dank der sinkenden Teuerung wieder in den Griff bekommen sollte.

Im *Autogewerbe* musste 1991 eine negative wirtschaftliche Entwicklung verzeichnet werden: Das ungünstige konjunkturelle Umfeld und die schlechte Konsumentenstimmung hatten zur Folge, dass sich das Verkaufsvolumen 1991 bei den Personenwagen leicht und bei den Nutzfahrzeugen massiv zurückbildete und auch der Occasionenhandel nur unbefriedigende Resultate vorweisen konnte. Diese Entwicklung hat sich in den ersten neun Monaten 1992 fortgesetzt. Eine Folge aus dem stagnierenden oder sogar rückläufigen Verkaufsvolumen und dem härter werdenden Konkurrenzkampf um Marktanteile ist, dass der Kunde mit zusätzlichen unentgeltlichen Dienstleistungen umworben wird.

Nebst den konjunkturellen existieren auch grosse strukturelle Probleme: Das sehr platz- und kapitalintensive Autogewerbe ist durch die hohen Land- und Gebäudekosten sowie durch die hohen Zinsen besonders stark betroffen. Zudem leidet der Autohandel unter dem starken Druck der Importeure, die Absatzzahlen von Neuwagen zu erhöhen oder zumindest zu halten. Als Folge sinken die Renditen im Neuwagenhandel und das Preis-/Leistungsverhältnis verbessert sich zuungunsten des Occasionenhandels in der oberen Preislage. Hinzu kommt, dass der Markt für Gebrauchtwagen in den Oststaaten nun gesättigt scheint. Auch im Werkstattbereich führen vergleichsweise geringe Stunden-Verrechnungssätze bei einem hohen Investitionsbedarf zu einer unbefriedigenden Rendite. Hohe Kosten sind dem Autogewerbe schliesslich aus den in den letzten Jahren verwirklichten Umweltschutzmassnahmen erwachsen. Die oben aufgezeigte Entwicklung hat dazu geführt, dass die Umsatzrendite im schweizerischen Autogewerbe nach Schätzungen des Autogewerbeverbands der Schweiz von früher 4.5 bis 6.0% auf heute 1.5 bis 2.0% gesunken ist.

Teil V

Regio Wirtschaftsstudie Oberrhein

Dr. Rainer Füeg
Lic. rer. pol. Peter Grieder, MBA

1. Einleitung

2. Zielsetzungen

3. Gesamtergebnisse

4. Wirtschaftliche Verflechtungen

5. Entwicklung der Teilregionen

6. Entwicklung der Sektoren

7. Schlussfolgerungen

1. Einleitung

Die Regio Wirtschaftsstudie Nordwestschweiz analysiert seit nunmehr zwölf Jahren die Strukturen und Entwicklungen in der Nordwestschweiz: seit 1990 werden auch die wirtschaftlichen Verhältnisse im Oberelsass und in Südbaden untersucht. Diese erweiterte Studie, die "Regio Wirtschaftsstudie Oberrhein" oder "Étude économique pour le Rhin supérieur" fand Aufnahme als eines von 19 Projekten des Interreg-Programms, welche mit EG-Mitteln und finanzieller Unterstützung der drei Länder Frankreich, Deutschland und Schweiz realisiert werden. Die Regio Wirtschaftsstudie Oberrhein wird im Rahmen der Interreg-Projekte während dreier Jahre das wirtschaftliche Geschehen im Raum Südbaden/Oberelsass/Nordwestschweiz erfassen und analysieren (Abb. 1).

Entsprechend dem trinationalen Charakter der Studie liegt die Projektbetreuung nicht mehr allein in schweizerischen Händen. Die beiden Projektverfasser, Dr. R. Füeg und P. Grieder, werden von einem deutsch/französischen Begleitausschuss mit Vertretern aus Behörde, Fachkreisen und Wissenschaft unterstützt. Ferner bilden sich zur Zeit in Frankreich und Deutschland - analog der Schweizer Projektgruppe - Gremien mit Repräsentanten aus Politik und Wirtschaft, welche die Studie unterstützen und beaufsichtigen. Die Präsidenten der drei Projektgruppen bilden zusammen das oberste Kontroll- und Entscheidungsorgan.

Das Untersuchungsgebiet

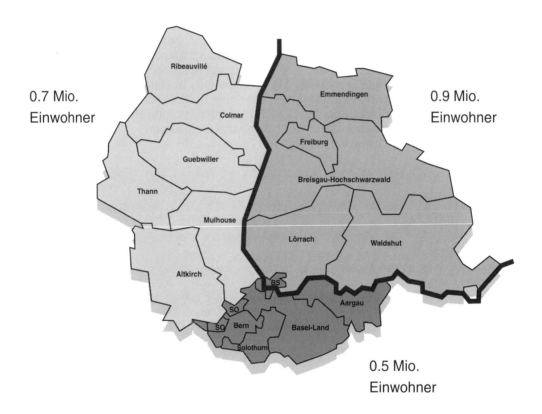

Total ca. 2 Mio. Einwohner

Abb. 1

2. Zielsetzungen

Bereits in der Wirtschaftsstudie XII wurde erstmals eine grenzüberschreitenden Studie vorgestellt und damit der Begriff "Regio-Wirtschafts-Studie" vollumfänglich umgesetzt. Dieser erste Durchgang war allerdings mangels verfügbarer Daten noch nicht besonders aktuell und beschränkte sich auf eine Darstellung der Strukturen. Die im letzten Jahr fortgeführte Arbeit konnte dann erstmals Veränderungsraten aufzeigen.

Zwar gibt es offizielle regionale Wertschöpfungsdaten für Südbaden immer noch erst bis zum Jahr 1988, für das Oberelsass bis 1990, wenn auch nur für den Industriesektor. In der Zwischenzeit konnten indes mit weiterführenden Methoden diese Lücken soweit geschlossen werden, dass nunmehr für alle drei Teilräume gleich aktuelle Daten präsentiert werden können.

Vier Vorbemerkung müssen gemacht werden, damit nicht gegenüber den in den Teilen 1 bis 4 gemachten speziellen Aussagen für die Nordwestschweiz Missverständnisse auftreten:

– Für die vorliegende trinationale Wirtschaftsstudie müssen zum Teil Begriffe und Definitionen übernommen werden, wie sie in der Statistik der EG verwendet werden, weil sonst keine Vergleiche möglich sind. In der "Wirtschaftsstudie Oberrhein" werden deswegen zur Messung von Wirtschaftsstrukturen und Entwicklungsdaten nicht Vollarbeitsplätze sondern Beschäftigte verwendet, und nicht von der Netto-Wertschöpfung, sondern von der Brutto-Wertschöpfung gesprochen, obschon beide Grössen gegenüber den in der Wirtschaftsstudie Nordwestschweiz verwendeten Grössen weniger genaue Aussagen machen lassen. Leider sind aber sowohl für Südbaden als auch das Oberelsass nun einmal nur diese Grössen verfügbar.

– Die Brutto-Wertschöpfung ist grösser als die Netto-Wertschöpfung, weil sie auch die Abschreibungen enthält. Der Unterschied beträgt zur Zeit rund 12% für die Nordwestschweiz. Gerade in der momentanen Zeit, in welcher von Jahr zu Jahr höchst unterschiedlich abgeschrieben wird, können sich entsprechend auseinanderklaffende Entwicklungen ergeben, je nachdem ob man die Entwicklung der Netto- oder der Brutto-Wertschöpfung analysiert.

– Aber auch bei der Beschäftigung ergeben sich Diskrepanzen: wenn man die Zahl (oder die Veränderung der Zahl) der Beschäftigten untersucht, so akzeptiert man jeden einzelnen Beschäftigten als gleichwertig, unabhängig davon, ob er zu 100% oder nur zu 10% arbeitet, während mit dem Begriff des Vollarbeitsplatzes ein einheitliches Beschäftigungsmass verwendet wird.

– Bei der Branchenstruktur wurde für die Wirtschaftsstudie Oberrhein ebenfalls ein etwas gröberer Raster mit 16 Branchen (gegenüber 21 Branchen in der Wirtschaftsstudie Nordwestschweiz) verwendet. Dieser lässt in vielen Fällen die Trennung zwischen gewerblicher und industrieller Wirtschaft, rsp. zwischen öffentlichen und privaten Dienstleistungsbetrieben nicht zu. So enthält der Bereich "Verkehr" in der Oberrhein-Studie sowohl private wie öffentliche Anbieter, oder der Bereich "Beratung" enthält von der international tätigen Treuhand/Revision/Vermögensverwaltungsfirma bis zum Einmannberatungsbetrieb alle Beratungsfirmen.

Das Untersuchungsgebiet besteht nach wie vor aus jenem Gebiet, das durch Pendlerbewegungen, durch die Ansiedlung von Tochtergesellschaften und anderen Niederlassungen und durch den Einkaufstourismus über die Grenzen hinweg eine gewisse gemeinsame ökonomische Basis hat, nämlich die Nordwestschweiz, das Département Haut Rhin (Oberelsass) und die fünf Stadt- und Landkreise Lörrach, Waldshut, Freiburg, Breisgau-Hochschwarzwald und Emmendingen (Südbaden) mit einer Fläche von rund 8'700 km^2 und etwas mehr als zwei Millionen Einwohnern.

3. Gesamtergebnisse

Im Jahre 1991 haben die im Untersuchungsgebiet tätigen Wirtschaftseinheiten ein Bruttoinlandprodukt von 77 Mrd. Schweizer Franken erwirtschaftet (Abb. 2). Dies entspricht etwa 24% des gesamten schweizerischen, 4% des französischen, oder 3% des (west-)deutschen Bruttoinlandproduktes. Wenn die Region Oberrhein nicht durch nationale Grenzen zersplittert wäre, so käme ihr im internationalen Vergleich der Regionen eine bedeutend grössere Rolle zu als es heute den Anschein macht. Von der Dimension her wäre sie durchaus mit einigen der in Osteuropa neu entstehenden Kleinstaaten vergleichbar.

Die 77 Mrd. Franken Wertschöpfung bedeuten gegenüber dem Vorjahr überdies einen Zuwachs um 5.2%, was unter Beachtung der durchschnittlichen Teuerung ein reales Wachstum von ungefähr 2% ergibt. Dieses Resultat ist angesichts der allgemeinen konjunkturellen Entwicklung in Westeuropa noch recht positiv zu beurteilen, insbesondere, wenn man in Betracht zieht, dass die Zahl der Beschäftigten mit etwas über einer Million immerhin um ein Prozent zugenommen hat. Damit hat sich die Arbeitsproduktivität rechnerisch um über 4% erhöht (Abb. 3).

Sie liegt in allen drei Teilregionen höher als der Durchschnitt in den jeweiligen Ländern. Der Wirtschaftsraum Oberrhein weist - ähnlich wie die Nordwestschweiz im Vergleich zur übrigen Schweiz - von seiner Wirtschaftskraft her ein überdurchschnittliches Potential auf.

Bei einer weiteren Betrachtung der Gesamtresultate fällt auf, dass die Wirtschaft der Region Oberrhein die klassische Struktur aufweist, indem die Industrie (das "Verarbeitende Gewerbe" in der deutschen Terminologie) sowohl beschäftigungsmässig als auch wertschöpfungsmässig das stärkste Wirtschaftssegment darstellt, gefolgt vom Dienstleistungssektor. Die zunehmende Tertiarisierung kann jedoch auch in diesem Raum festgestellt werden. Im Durchschnitt der vergangenen fünf Jahre lag das Wachstum des Dienstleistungssektors über demjenigen der anderen Sektoren.

Die hier ausgewiesenen Gesamtentwicklungszahlen für den Wirtschaftsraum Oberrhein sind selbstverständlich Durchschnittswerte; im einzelnen ergaben sich zum Teil beträchtliche Unterschiede.

Internationaler Vergleich BIP 91

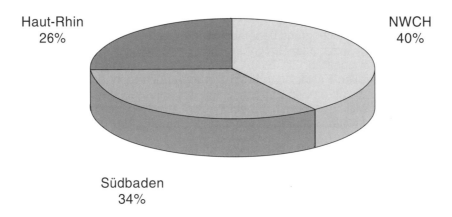

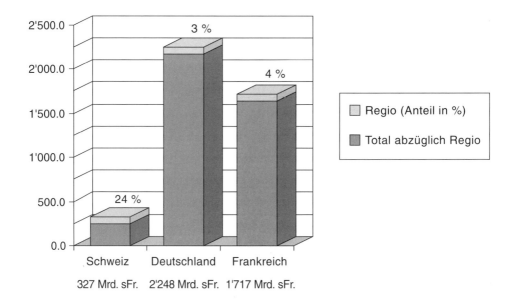

Abb. 2

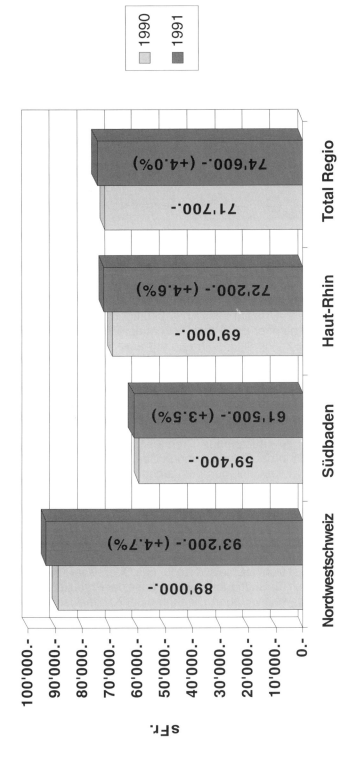

Abb. 3

4. Wirtschaftliche Verflechtungen

Bisher wurde das Untersuchungsgebiet als Ganzes betrachtet. In Tat und Wahrheit ist die Region Oberrhein jedoch noch lange kein einheitlicher Wirtschaftsraum. Dafür sind sowohl die Wirtschaftsstrukturen als auch die wirtschaftlichen Rahmenbedingungen noch zu unterschiedlich. Es bestehen aber bereits zahlreiche Verflechtungen und Ströme innerhalb dieses "Wirtschaftsraums". Die vier wohl interessantesten sind:

- Arbeit (Grenzgänger)
- Kapital
- Grundbesitz
- Güter- und Dienstleistungsverkehr

Die Situation des *Grenzgängertums* ist wohl eines der bekanntesten und am häufigsten diskutierten Phänomene (Abb. 4).

Zur Zeit präsentiert sich die Situation so, dass etwa 33'000 französische Arbeitnehmer (gut zehn Prozent aller Erwerbstätigen im Oberelsass) und rund 10'000 deutsche Arbeitnehmer (rund drei Prozent der Erwerbstätigen in Südbaden) in der Nordwestschweiz tätig sind, während nur rund 4'000 französische Arbeitspendler vom Departement Haut Rhin nach Deutschland und knapp 1'000 Pendler von Südbaden nach Frankreich zur Arbeit fahren. Die Grenzgängerbeschäftigung hat in der zweiten Hälfte der achtziger Jahre stark zugenommen, in früheren Zeiten hat es allerdings auch schon andere Verhältnisse gegeben. Die Schweizer Beschäftigten bleiben dagegen zu nahezu vollständig in ihrem eigenen Land tätig.

Ein schwieriger zu erfassendes Thema ist die gegenseitige *Kapitalverflechtung*. Hierzu bestehen in der Schweiz und in Deutschland keine amtlichen statistischen Angaben. In Frankreich liegen demgegenüber zumindest für den Industriesektor (1990) detaillierte Unterlagen vor. Demnach sind im Departement Haut Rhin bei 5% der französischen Firmen ausländische Kapitalgeber beteiligt. Nimmt man als Kriterium die Zahl der in diesen Firmen Beschäftigten, so steigt der Anteil auf nahezu 25%!

Betrachtet man die beiden genannten Faktoren - Grenzgänger und Kapitalbeteiligungen -, so lässt sich beispielsweise für das Oberelsass (in etwas geringerem Ausmass sicher auch für Südbaden) folgern, dass der Produktionsfaktor Arbeit sich bisher nach der Schweiz verlagerte, während der Kapitalfluss in umgekehrte Richtung verläuft.

Bezüglich des Güter- und Dienstleistungsverkehrs sei auf den Einkaufstourismus hingewiesen, der beständig im Zunehmen begriffen ist. Eine 1991 angestellte Studie zeigt, dass damals jährlich ein Kaufkraftabfluss von rund 700 Mio. Franken aus der Nordwestschweiz ins grenznahe Ausland erfolgte.

Diese drei Beispiele mögen illustrieren, dass die errechnete Wertschöpfung für die Region Oberrhein nicht einfach ein durch Addition von drei Teilgebieten entstandener Wert ist, sondern durchaus bereits heute auf funktionierenden Synergieeffekten basiert.

Grenzgänger

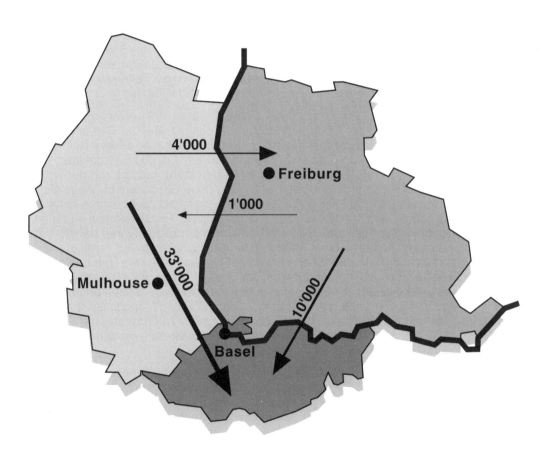

Abb. 4

5. Entwicklung der einzelnen Teilregionen

Die statistische Hintergrundinformationen (Fläche, Bevölkerung, etc.) über die einzelnen Teilregionen finden sich in den Regio Wirtschaftsstudien NWCH XII und XIII.

Für die wirtschaftliche Betrachtung stehen folgende Fragen im Vordergrund:
- Wie gross sind die Beiträge der Teilregionen?
- Welche Wachstumsraten waren zu registrieren?
- Wie steht es mit der Beschäftigtenentwicklung?
- Mit welcher Produktivität werden die Ergebnisse erwirtschaftet?

Die Beiträge der Teilregion sind in Abbildung 5 näher dargestellt. Es zeigt sich, dass die Nordwestschweiz den höchsten Wertschöpfungsanteil (ca. 40%) erwirtschaftet hat, Südbaden den zweithöchsten und das Oberelsass an dritter Stelle rangiert. In Bezug auf die Wachstumsraten hat Südbaden - insbesondere wenn man noch dessen tiefe Inflationsrate in Betracht zieht - die beiden anderen Teilregionen deutlich überflügelt (+7.0%).

Wie bereits im Kapitel "Gesamtresultate" erwähnt, waren 1991 etwas mehr als eine Million Personen in der Oberrhein-Region beschäftigt. Bei der Bedeutung der einzelnen Teilräume als Arbeitsmarkt ergibt sich allerdings eine andere Reihenfolge als bei der Wertschöpfung, indem Südbaden mit über 420'000 Beschäftigten und einem Zuwachs (1990/91) von 3.4% an der Spitze steht, gefolgt von der Nordwestschweiz (330'000) und dem Oberelsass (280'000). Besonders ins Auge sticht die Stagnation der Beschäftigten in der Nordwestschweiz und die Abnahme im Oberelsass. Sie gibt zu verschiedenen Überlegungen Anlass. Im Oberelsass dürfte der Rückgang vorwiegend auf konjunkturelle Verhältnisse zurückzuführen sein. Er hatte auch bedauerlicherweise eine Erhöhung der Arbeitslosenrate zur Folge, die sich im Jahre 1992 noch weiter erhöhen wird. In der Nordwestschweiz kommen neben konjunkturellen auch strukturelle Effekte zum Tragen, indem viele Branchen Übertreibungen aus der Zeit der Hochkonjunktur zu korrigieren begannen und sich damit auf den härter werdenden Wettbewerb im europäischen Markt einstellen. 1991 verdoppelte sich die Zahl der Arbeitslosen im Vergleich zum Vorjahr, die Zahl der Grenzgänger (ca. 49'000), die einen wesentlichen Wirtschaftspfeiler darstellen, blieb dagegen etwa gleich gross.

Ihren Niederschlag fanden die Wertschöpfungs- und Beschäftigungsveränderungen in der Veränderung der Arbeitsproduktivität. Auffallend am Vergleich der Teilregionen ist die deutlich höhere Arbeitsproduktivität des Oberelsass gegenüber Südbaden sowie der Spitzenwert der Nordwestschweiz. Dieser hängt mit der Branchenstruktur und mit der oben erwähnten Reduktion der Zahl der Arbeitsplätze zusammen. Die Differenz zwischen Südbaden und dem Oberelsass mag in der unterschiedlichen Wirtschaftsstruktur, aber auch in Differenzen in der Beschäftigung begründet liegen. Die Vergleichbarkeit kann nämlich durch die Tatsache relativiert werden, dass in verschiedenen Industrien oder Teilgebieten der durchschnittliche Beschäftigungsgrad unterschiedlich hoch ist (z.B. 70% einerseits, 80% andererseits). Nur eine Umrechnung der Beschäftigtenzahlen auf Vollarbeitsplätze (100% Beschäftigten) würde einen genauen Vergleich ermöglichen. Dies ist jedoch infolge der Datenlage in Südbaden und im Oberelsass derzeit nicht möglich.

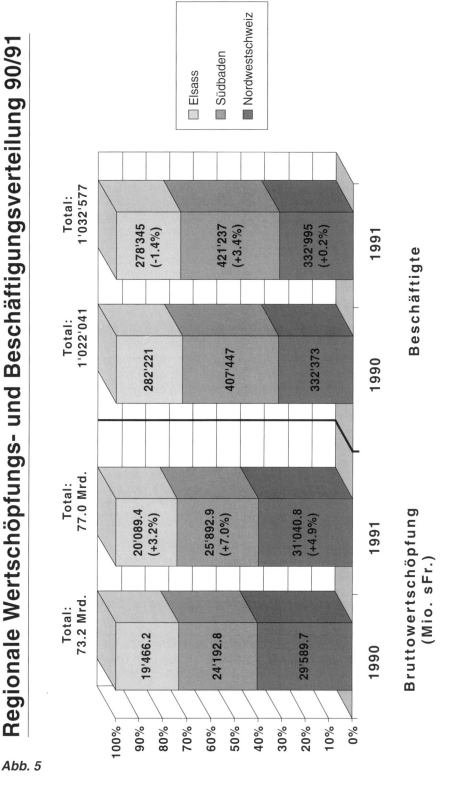

Abb. 5

5.1 Entwicklung Südbaden

1992 ging auch für Südbaden ein Jahrzehnt mit kräftigem Wachstum zu Ende. Der Konjunkturabschwung setzte bereits Mitte 1991 ein, wobei die damals noch gute Auftragslage in der Industrie und die hohen Tarifabschlüsse in der gesamten Wirtschaft - welche in einer deutlichen Zunahme der Kaufkraft der Bewohner Südbadens resultierten - dafür sorgten, dass die Ergebnisse des Jahres 1991 sehr positiv ausfielen. Südbaden konnte von allen drei Teilräumen die beste Entwicklung verzeichnen, und zwar sowohl was die Zunahme der Beschäftigung betrifft, als auch jene der Brutto-Wertschöpfung.

Das kleiner werdende Wachstum des Bruttoinlandsprodukts äusserte sich aber in einer Verlangsamung beim Ausbau des Arbeitsplatzangebots. Dieses war 1991 in Südbaden allerdings immer noch beträchtlich und deutlich höher als in der Nordwestschweiz oder im Oberelsass. Der Zustrom von Arbeitssuchenden aus dem Osten konnte alles in allem erstaunlich gut bewältigt werden, und erst gegen Ende 1991 und dann vor allem im Jahr 1992 stiegen auch in Südbaden die Arbeitslosenzahlen von Monat zu Monat deutlich an. Gegenüber dem Bundesland Baden-Württemberg mit einem Beschäftigungszuwachs von 2.8% hob sich Südbaden mit einem Zuwachs von 3.4% positiv ab.

Praktisch gleich stark wie im gesamten Bundesland Baden-Württemberg wuchs auch die Wirtschaftskraft Südbadens. Mit einem Wertschöpfungszuwachs um 7% war Südbaden im Jahre 1991 der "Motor" der Wirtschaftsentwicklung in der Oberrhein-Regio. Besonders gut schnitten neben der Bauwirtschaft (+11.3%) der Handel (+8.8%) und die Finanzdienstleistungen (+10.9%) ab, eine Entwicklung, welche in Baden-Württemberg insgesamt in ähnlicher Art festzustellen war. Das Verarbeitende Gewerbe fiel demgegenüber mit einer Zunahme der Brutto-Wertschöpfung von nur 3.4% deutlich ab und entwickelte sich auch weniger stark als im Landesdurchschnitt (+4.5%).

Träger des Wachstums war 1991 vor allem das innerdeutsche Geschäft, während der Export infolge der schwächer gewordenen Weltkonjunktur stagnierte und in einigen Branche sogar leicht abnahm. Die unübersichtliche Entwicklung in Osteuropa hatte darauf ebenfalls Auswirkungen.

Die Bauwirtschaft Südbadens konnte ein überdurchschnittlich gutes Jahr verzeichnen, wobei die Entwicklung in den einzelnen Stadt- und Landkreisen unterschiedlich ausfiel. Den stärksten Zuwachs verzeichnete der Landkreis Emmendingen, aber auch Freiburg und Lörrach konnten ansehnliche Zuwachsraten erarbeiten. Der Wanderungsgewinn bei der Bevölkerung machte sich nebst der Fertigstellung von Investitionsvorhaben positiv bemerkbar.

Gross- und Einzelhandel entwickelten sich in Südbaden ebenfalls deutlich besser als in der Nordwestschweiz und im Oberelsass. Neben dem Bevölkerungszuwachs war dafür auch die deutlich Zunahme der Kundschaft aus eben diesen beiden anderen Teilräumen verantwortlich.

Wie in der Nordwestschweiz wirkte sich auch in Südbaden im Jahre 1992 dann das Zusammentreffen der internationalen Konjunkturflaute mit dem Rückgang der Spezialnachfrage aus den neuen Bundesländern im negativen Sinne verstärkend aus. Da in der zweiten Hälfte der achtziger Jahre kräftig investiert worden war und entsprechend die Produktionskapazitäten stark vergrössert worden waren, besteht zur

Zeit für Erweiterungsinvestitionen wenig Anlass, was in der Investitionsgüterbranche zu einem deutlichen Nachfragerückgang führte.

5.2 Entwicklung im Oberelsass

Das Oberelsass erlitt 1991 in seinen Bestrebungen, die positiven Wirtschaftsentwicklungen der Vorjahre weiter voranzutreiben, einen Rückschlag und erzielte das schwächste Resultat der drei Teilregionen, sowohl in Bezug auf die Beschäftigung als auch in Bezug auf die Bruttowertschöpfung. Einige wichtige Kernfaktoren wie die Nachfrage nach Investitionsgütern und langfristigen Konsumgütern und der Bausektor im speziellen begannen bereits Mitte 1991 an Wirtschaftskraft zu verlieren, als in den übrigen Teilregionen noch positivere Verhältnisse herrschten. Die negative Entwicklung setzte sich im Oberelsass denn auch 1992 fort.

Diese Entwicklung hatte zur Folge, dass die Zahl der Beschäftigten sich zurückbildete. Sie reduzierte sich 1991 um 1.4%, wobei die Unterschiede zwischen den Wirtschaftssektoren stark differierten. Besonders negative Entwicklungen waren im Gewerbe zu verzeichnen, im Durchschnitt betrug die dortige Abnahme ca. 6%, wobei das Bau- und Gastgewerbe mit Rückgängen von −10% besonders hohe Fluktuationen aufwiesen. Im Industriesektor traten keine derart starken Schwankungen auf. Der Beschäftigungsgrad erhöhte sich in gewissen Branchen (z.B. Kunststoff/Kautschuk, Steine/Erden, Elektro/Uhren) geringfügig, in anderen Branchen (Chemie, Maschinen/Apparate/Fahrzeuge) sank er leicht. Per Saldo blieb der Rückgang im Industriesektor mit knapp 1% im Rahmen, umso mehr, als dass der Dienstleistungssektor einen erfreulichen Arbeitsplatzzuwachs von 2.6% realisieren konnte. Dennoch erhöhte sich infolge der gesamthaft rückläufigen Beschäftigtenzahl die Arbeitslosenquote auf 5% (Vorjahr 4.5%) und erreichte Ende 1992, als die Beschäftigungsverhältnisse sich weiter verschlechterten, gar 6%. Im Gegensatz zu früheren Zeiten, wo ähnliche Entwicklungen zu registrieren waren, hatte dieses Mal die Zahl der Grenzgänger keinen Einfluss. Diese erhöhte sich während des Untersuchungszeitraumes leicht weiter, was eine weitere Erhöhung der Arbeitslosenrate verhinderte. Diese Erscheinung ist an und für sich positiv zu vermerken, negativ bleibt die Tatsache, dass das Oberelsass mit den Grenzgängern gut qualifizierte Leute an das Ausland verliert.

Mit einem Wachstum von etwas über 3% der Bruttowertschöpfung hat sich die Wirtschaftskraft 1991 unter Berücksichtigung der Teuerung gegenüber 1990 nicht verbessert. Die guten Leistungen des Dienstleistungssektors (+6.8%), vorab der Banken und des Grosshandels, wurden durch rückläufige Wertschöpfungen im Gewerbe, im speziellen im Gastgewerbe, zunichte gemacht. Im industriellen Bereich (Verarbeitendes Gewerbe) verzeichneten die Elektro- und die Automobilindustrie überdurchschnittliche Resultate. Bei beiden ist dies auf eine immer noch belebte Nachfrage zurückzuführen. Bei der Automobilindustrie wirkte sich auch der Produktionsbeginn eines neuen Automodells, welches sich als sehr erfolgreich herausstellte, positiv aus. Demgegenüber hat sich die Produktion der längerfristigen Konsumgüter sowohl im persönlichen als auch im Haushaltsbereich verlangsamt. In Perioden der Unsicherheit gehören diese Sektoren naturgemäss zu denen, die als erste von einem Rückgang der Nachfrage betroffen sind. Dank längeren Auftragszyklen konnten die Hersteller von Investitionsgütern (Maschinen/Apparateindustrie) ihr Produktionsvolumen länger aufrecht erhalten. Aber es waren zu einem beachtlichen Teil alte Aufträge, die ausgeführt wurden, neue kamen wenige dazu und der Auftragsbestand lag am Ende des Berichtsjahres deutlich unter demjenigen des Vorjahres.

Als wesentliche Stütze der oberelsässischen Wirtschaft erwies sich die Exportnachfrage. Im innerfranzösischen Vergleich ist das Oberelsass - infolge seiner Lage - eines der Departemente mit einer überdurchschnittlichen Exportquote. Diese blieb, vor allem dank der kräftigen Wirtschaftslage in Deutschland, auf der Höhe des Vorjahres.

Angesichts der Stagnation der Bruttowertschöpfung intensivierten die Unternehmer ihre Bemühungen, die Arbeitsproduktivität zu steigern. Dies gelang in verschiedenen Branchen bis zu einem gewissen Mass dank Beschäftigungsabbau und Rationalisierungsinvestitionen, andererseits mussten viele Unternehmen Gewinneinbussen und Fremdkapitalerhöhungen in Kauf nehmen.

Für 1992 ergibt sich für die Wirtschaft des Teilraumes Oberelsass eine doppelte Belastung: Zum einen setzen sich die 1991 zu beobachtenden negativen Trends fort und sogar bisher erfolgreich arbeitende Branchen (Automobilindustrie, Grosshändler) bekunden zunehmend Mühe. Zum anderen zeitigt die internationale Konjunkturschwäche ihre Auswirkungen. Das deutliche Nachlassen der Weltwirtschaft bewirkt einen effektiven Nachfragerückgang und hemmt zudem die Ausgabefreudigkeit und die Risikobereitschaft des privaten Konsumenten und des unternehmerischen Investors.

5.3 Entwicklung in der Nordwestschweiz

Real gesehen hat die Nordwestschweiz bereits 1991 knapp ein Prozent an Wirtschaftskraft verloren, und auch 1992 hat sich dieser Teilraum real rückläufig entwickelt. Die erarbeitete Wertschöpfung kommt 1992 insgesamt real nochmals etwa ein halbes Prozent unter den letztjährigen Wert zu liegen.

Die nordwestschweizerische Wirtschaft wurde von der Rezession 1991/92 höchst unterschiedlich betroffen. In vielen Industriebranchen musste zum Teil ein erheblicher Beschäftigungs- und Wertschöpfungsrückgang in Kauf genommen werden. In anderen Branchen schrumpfte zwar die Belegschaft, dafür entwickelte sich aber das wirtschaftliche Ergebnis positiv, wie etwa in der Chemie oder bei den Banken. Bei den Finanzdienstleistungen und in der Beratungsbranche schliesslich ist von Rezession in den Jahresrechnungen (noch) nichts zu spüren.

Nachdem die *Industrie* 1991 nur ein verhaltenes Ergebnis lieferte - vor allem wegen des geringen Wertschöpfungszuwachses in der Chemie -, dürfte sie 1992 wieder überdurchschnittlich gut abschneiden, und zwar wiederum (und ausschliesslich) dank der Entwicklung in der Chemie und in der Getränkebranche. Ohne Chemie - welche rund 20% des regionalen Volkseinkommens erwirtschaftet - hätte der Industriesektor der Nordwestschweiz nur gerade ein Wachstum von nominell 1.3% erreicht, d.h. hätte sich real um knapp drei Prozent zurückgebildet.

Die stärksten Wachstumsimpulse gibt zur Zeit der *Dienstleistungssektor*. Trotz gewaltig gestiegenem Abschreibungsbedarf haben die Banken ebenso wie die Versicherungen operativ gesehen zufriedenstellende Jahre hinter sich. Die Beratungsbranche war zur Bewältigung schwieriger gewordener Situationen und zur Anpassung an neue schweizerische und europäische Entwicklungen vor allem 1992 intensiv gefordert und konnte ihr Ergebnis deutlich steigern. Der Grosshandel konnte im Gegensatz zur gesamtschweizerischen Entwicklung ebenfalls eine Wertschöpfungssteigerung erzielen. Einzige Ausnahme im Dienstleistungssektor bildet die Verkehrswirtschaft, deren Wertschöpfung sich 1992 negativ entwickelt hat, nachdem sie noch im Jahr 1991 zu den prosperierenden Branchen gehört hatte.

Kaum erstaunen dürfte der Rückgang im *Gewerbe*, wo nur der Fachhandel und das Ausbaugewerbe nominell die Vorjahresergebnisse erreichen konnten. Real gesehen haben sämtliche Branchen an Boden verloren, am stärksten das Gastgewerbe. Eine geringere Wertschöpfung als im Vorjahr musste auch das Baugewerbe hinnehmen.

Nach rund sieben Jahren mit einem starken Wachstum der Beschäftigung hat sich Mitte 1990 der Trend gekehrt, die Nachfrage auf dem Arbeitsmarkt hat sich zurückgebildet. Die Nordwestschweiz verzeichnete 1991 eine Stagnation, 1992 dann aber erstmals seit langem wieder einen Rückgang bei der Zahl der Arbeitsplätze. Betroffen waren praktisch alle Wirtschaftszweige, erstmals auch der Dienstleistungssektor, welcher um rund 0.1% geschrumpft ist. In den vergangenen zwei Jahren hat sich daher die Zahl der *Arbeitslosen* mehr als verdoppelt.

Anders als in früheren konjunkturellen Schwächephasen geht der Arbeitsplatzabbau diesmal nicht einseitig zu Lasten der ausländischen Arbeitskräfte. Dies dürfte auch der Hauptgrund dafür sein, dass eine bisher an sich noch relativ geringe Rezession zu einer so deutlichen Zunahme der Arbeitslosigkeit in der Schweiz geführt hat. Ein anderer Grund liegt in der Statistik selbst: so werden heute wesentlich mehr Leute als Arbeitslose erfasst als früher.

Was die Entwicklung der *Grenzgängerzahlen* betrifft, so zeigt sich mit aller Deutlichkeit deren Integration in den nordwestschweizerischen Arbeitsmarkt. In den Jahren mit starkem Beschäftigungswachstum von 1985 bis 1990 stieg die Zahl der Grenzgänger um beinahe 80%, seit dem Rückgang der Beschäftigung Mitte 1990 ist sie immer noch um 3% gewachsen. Selbst 1992, als die Gesamtzahl der Arbeitsplätze in der Region abnahm, ist die Zahl der Grenzgänger noch einmal leicht gestiegen.

6. Entwicklung der Wirtschaftssektoren

Nähere Erklärungen für die Ergebnisse der Teilregionen liefern auch die detaillierteren Analysen der einzelnen *Wirtschaftssektoren* (Abb. 6).

Den grössten Anteil am Bruttoinlandprodukt weist 1991 sowohl in der gesamten Region Oberrhein als auch in zwei der drei Teilräume (NWCH, Oberelsass) der *Industriesektor* auf, der mehr als ein Drittel zum regionalen Inlandprodukt beisteuert. Die höchste Zahl der Beschäftigten (300'000 oder 29% aller Beschäftigten) und einige wertschöpfungsintensive Branchen (wie die Chemie, Elektronik, Nahrungsmittel- und Getränkeproduktion) verhelfen dem Verarbeitenden Gewerbe zu diesem Spitzenplatz unter den Wirtschaftssektoren. Die pro Beschäftigten erarbeitete Wertschöpfung liegt mit knapp 90'000 Schweizer Franken nur wenig unter derjenigen des Dienstleistungssektors.

In der Nordwestschweiz liegt der Industriesektor jedoch in Bezug auf die Brutto-Wertschöpfung nur ganz knapp vor dem Dienstleistungssektor, welcher mit zehntausend Beschäftigten mehr nahezu die gleichen Wertschöpfungswerte erreicht. In Südbaden liegt der Dienstleistungssektor dank der überproportional hohen Wertschöpfung aus dem Bereich Wohnungsvermietung sogar vor dem Industriesektor. Einzig im Oberelsass betragen die Anteile der Dienstleister nur etwa die Hälfte des Industriesektors.

Im Wachstumstrend verhalten sich jedoch alle Teilregionen gleich, der Dienstleistungssektor wächst (auch im längerfristigen Durchschnitt) stärker, die Tertiarisierung schreitet also überall voran. Kennzeichnend ist denn auch, dass die Banken und der Grosshandel zu den Wachstumsleadern gehörten, währenddem die Nahrungsmittel, die Textilbranche und die Maschinen/Apparate/ Fahrzeugbranche zur Zeit eher wachstumshemmend wirken.

Etwa gleichauf fungieren sowohl im Sektoren- als auch im Wachstumsvergleich das Gewerbe und die öffentliche Hand mit deutlich geringeren Wertschöpfungen pro Arbeitsplatz. Generell erzielen also die lokalen, für die regionale Versorgung tätigen Unternehmen und Organisationen eher eine geringere Wertschöpfung als die exportorientierten Firmen. Dies gilt selbst im Falle der Industrie und der Dienstleistungsunternehmungen. Wie das Beispiel der Nordwestschweiz zeigt, ist deren Wertschöpfung vorwiegend darum so hoch, weil ihr Exportanteil so gross ist (ca. 60%). Diejenigen Wirtschaftseinheiten in Südbaden und im Elsass, die ähnlich gelagert sind, weisen gleiche Erfolge auf, nur ist deren Zahl infolge der anders gearteten Wirtschaftsstruktur geringer. In der Nordwestschweiz prägen grosse internationale Konzerne das Wirtschaftspotential, in den beiden übrigen Regionen sind es, abgesehen von gewissen Ausnahmen, Filialen von ausserhalb der Region domizilierten Grossunternehmen, dazu mittelgrosse Betriebe, die vor allem die regionale Basisversorgung und die Belieferung der Exportindustrie übernehmen, sowie eine grosse Anzahl Kleinbetriebe.

6.1 Entwicklung im Verarbeitenden Gewerbe

Die nähere Analyse des *Industriesektors* bildet den dritten Ansatzpunkt zur Durchleuchtung der Region Oberrhein und ihrer Teilgebiete. Sämtliche Branchen zu

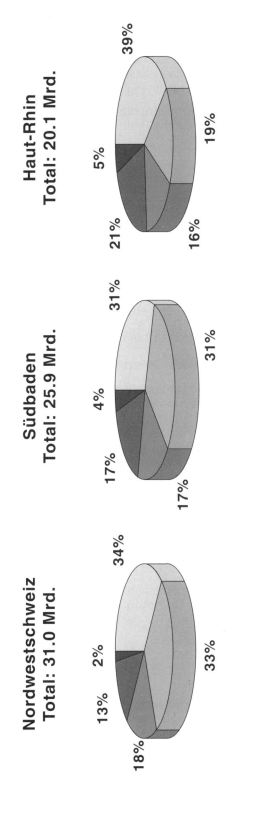

Verteilung der Bruttowertschöpfung 1991 in der Regio Oberrhein (77.0 Mrd. sFr.)

Abb. 6

analysieren würde den Rahmen dieser Pilotstudie allerdings sprengen. Wie eingangs erwähnt, stehen die Untersuchungen bezüglich der Oberrhein-Regio im Gegensatz zu jener der Regio Wirtschaftsstudie Nordwestschweiz erst am Anfang, sollen aber mit jedem weiteren Durchgang umfassender und tiefgreifender werden.

Im folgenden sollen drei Branchen, die jedoch sowohl historisch als auch wirtschaftlich-strategisch im gesamten Untersuchungsgebiet interessant sind, herausgegriffen werden.

Für die zahlenmässige Analyse wird der Industriesektor, d.h. das verarbeitende Gewerbe, in der Wirtschaftsstudie Oberrhein in sieben Branchen gegliedert:

- Nahrungsmittel/Getränke/Tabak
- Textil/Bekleidung/Schuhe/Leder
- Chemie
- Metallindustrie/EBM
- Maschinen/Apparate/Fahrzeuge
- Elektrotechnik/Elektronik/Uhren
- Übriges verarbeitendes Gewerbe

In einem Gesamtüberblick ist festzustellen, dass der Industriesektor bei etwa gleichbleibenden Arbeitsplatzzahlen die Wertschöpfung nur unterdurchschnittlich zu steigern vermochte. Dabei gab es Branchen wie Elektrotechnik/Elektronik, Steine/Erden, Metall- und Kunststoffindustrie, deren nominelle Zuwachsraten durchaus bei 7% und darüber lagen. In einigen Branchen wie z.B. der Chemie, trügt die bescheidene Wachstumsrate der Wertschöpfung von 1.3%. Gleichzeitig wurde nämlich auch die Zahl der Arbeitsplätze um knapp 3% abgebaut, so dass das Resultat aus dem Blickpunkt der Arbeitsproduktivitätssteigerung doch wesentlich besser ausfiel. Einige Branchen wie die Nahrungsmittelindustrie vermochten demgegenüber ihre Wertschöpfung nicht einmal auf dem Vorjahresniveau zu halten, so dass per Saldo auch die Zunahme der durchschnittlichen Arbeitsproduktivität des Industriesektors (+4.2%) deutlich hinter jener des Dienstleistungssektors (+6.1%) zurückblieb.

Auf sechs Industriebranchen entfallen ca. 75% der erarbeiteten Wertschöpfung (Abb. 7). Von diesen sechs Branchen sollen die Textilindustrie, die chemische Industrie und der Fahrzeugbau (Teil der Maschinen/Apparate Industrie) näher behandelt werden.

6.1.1 Textilindustrie

Historisch gesehen ist die *Textilbranche* (Abb. 8) wohl einer der ältesten industriellen Zweige überhaupt; es hat seit dem letzten Jahrhundert bis zum Ende des zweiten Weltkrieges in allen drei Teilregionen zu den bestimmenden Wirtschaftsfaktoren gehört. 1935 noch waren gegen 100'000 Personen, d.h. nahezu 10% aller heutigen Beschäftigten in der Region Oberrhein, in der Textilindustrie beschäftigt. Angesichts der neuen kapitalintensiven Verfahren, des Wandels der Strukturen und der vermehrten Konkurrenz auf dem Weltmarkt sanken die Beschäftigtenzahlen

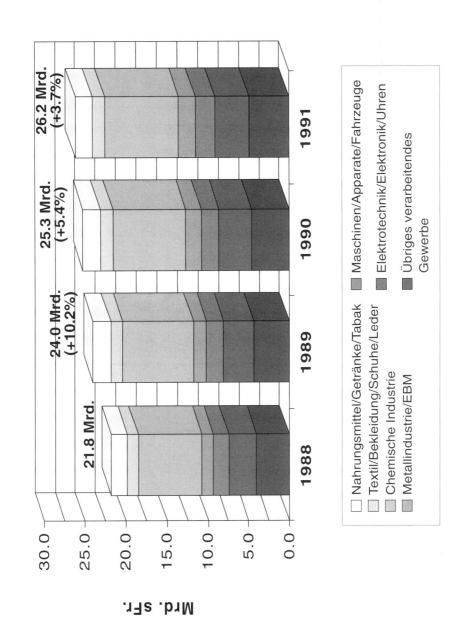

Abb. 7

BIP, Beschäftigte und Produktivität einzelner Branchen 90/91

	Textil/Bekleidung/Schuhe												
	Nordwestschweiz			Südbaden			Oberelsass			Regio Oberrhein		
	1990	1991	% Ver.	1990	1991	% Ver.	1990	1991	% Ver.	1990	1991	% Ver.
BIP (Mio. sFr.)	150.3	161.4	7.4%	827.6	803.7	-2.9%	571.2	610.3	6.8%	1'549.1	1'575.4	1.7%
Beschäftigte	1965	1'988	1.2%	14'822	14'155	-4.5%	11'480	11'768	2.5%	28'267	27'911	-1.3%
Arbeitsproduktivität (sFr.)	76'500.-	81'200.-	6.1%	55'800.-	56'800.-	1.8%	49'800.-	51'900.-	4.2%	54'800.-	56'400.-	2.9%

Abb. 8

BIP, Beschäftigte und Produktivität einzelner Branchen 90/91

	Chemische Industrie											
	Nordwestschweiz			Südbaden			Oberelsass			Regio Oberrhein		
	1990	1991	% Ver.	1990	1991	% Ver.	1990	1991	% Ver.	1990	1991	% Ver.
BIP (Mio. sFr.)	5'890.6	6'043.8	2.6%	1'478.2	1'403.1	-5.1%	1'513.6	1'553.9	2.7%	8'824.4	9'000.4	1.3%
Beschäftigte	40'784	39'328	-3.6%	14'755	14'734	-0.1%	12'140	11'681	-3.8%	67'679	65'743	-2.9%
Arbeitsproduktivität (sFr.)	144'400.-	153'700.-	6.4%	100'200.-	95'200.-	-5.0%	124'700.-	133'000.-	6.7%	131'200.-	136'900.-	4.3%

Abb. 9

rapide. Allein das Oberelsass verlor zwischen 1958 und 1985 mehr als 28'000 Arbeitsplätze. Und der Schwund hält weiter an! 1989 zählte die Textilindustrie in der gesamten Region 28'300 Beschäftigte, 1991 waren es nach einem kleinen Aufschwung im Vorjahr, noch deren 27'800. Angesichts des äusserst intensiven weltweiten Preiskampfes gelangen auch keine genügenden Wertschöpfungssteigerungen. Die Arbeitsproduktivität gehört mit 56'400 Franken zu den tiefsten der Industrie. Die Löhne hingegen mussten aus Wettbewerbsgründen im Arbeitsmarkt deutlich angehoben werden. Zahlreiche Betriebsschliessungen und Konkurse waren die Folge dieser Kosten/Preisschere. Für die einzelnen Teilregionen hatten diese - überall ähnlich verlaufenden - Entwicklungen ungleiche Folgen. Am härtesten betroffen war das Oberelsass (es arbeiten heute noch nahezu 5% der Beschäftigten in der Textilindustrie), dessen gesamtwirtschaftliche Entwicklung in den letzten Jahren dadurch stark gebremst wurde. Die in der Region vergleichsweise hohe (im französischen Durchschnitt jedoch geringe) Arbeitslosenrate mag teilweise auf diese Tatsache zurückzuführen sein. Als vielleicht langfristige positive Folge der Textilkrise hat sich im Zuge deren Bekämpfung eine intensive Wirtschaftsförderung herangebildet, der es gelungen ist, in- und ausländische High-Tech- und Pharmaunternehmen anzusiedeln, die sehr wohl eine Basis für eine langfristig prosperierende Wirtschaft im Oberelsass bilden können.

Infolge der heterogeneren Wirtschaftsstruktur und infolge der Tatsache, dass auch einige grössere Textilunternehmen Marktnischen (in denen sie zum Teil Weltleaderpositionen innehaben) erschliessen konnten, waren die negativen Folgen der Textilkrise im gesamten Südbaden weniger ausgeprägt, trotz ebenfalls hoher Beschäftigtenzahl (14'100) und einem Abbau von 4.5% von 1990 auf 1991. Einzelne Teilgebiete (wie z.B. das Wiesental) hatten allerdings ebenfalls mit etwelchen Schwierigkeiten zu kämpfen.

In der Nordwestschweiz ist die Textilindustrie im Verschwinden begriffen. Infolge des frühzeitigen, bereits nach dem ersten Weltkrieg einsetzenden Rückganges ist sie aber auch seit längerer Zeit kein bedeutender Wirtschaftsfaktor mehr (knapp 2'000 Beschäftigte im Jahre 1991).

6.1.2 Chemisch-pharmazeutische Industrie

Die Textilindustrie ist eigentlich der Vorläufer (resp. der Wegbereiter) der heute stärksten Branche der Region Oberrhein, der chemisch-pharmazeutischen Industrie (Abb. 9). Aus der Textilbearbeitung entstanden nämlich die Färbeverfahren, die Herstellung von Chemikalien und schliesslich die grosse Diversität von chemisch/pharmazeutischen Produkten, die heute in der Region täglich für die weltweit verschiedensten Bedürfnisse im Chemikalien-, Agrar- und Gesundheitssektor produziert werden. Als stärkste Branche erarbeitete 1991 die Branche Chemie/Pharma mit unterschiedlichen regionalen Schwerpunkten eine Bruttowertschöpfung von neun Milliarden Franken oder knapp 12% des gesamten Bruttoinlandproduktes der Region Oberrhein. Auch in bezug auf die Arbeitsproduktivität nimmt die Chemie in allen Teilregionen einen Spitzenplatz ein (Fr. 137'000 pro Beschäftigten).

Den stärksten Anteil an den Wertschöpfungsresultaten der Chemie hat immer noch die Nordwestschweiz (6 Mrd. Franken oder 66%), wo gleich drei Grosskonzerne ihre Hauptsitze und angestammten Aktivitäten haben und zusammen mit den auch ansässigen kleineren Unternehmungen gut 39'000 Mitarbeiter beschäftigen. Aber auch die in Südbaden und im Oberelsass registrierten Mitarbeiterzahlen (15'000 resp. 12'000) und Wertschöpfungen (1.4 Mrd, rsp. 1.6 Mrd. Franken) sind beträchtlich.

Strukturen und Aktivitäten der Branche Chemie/Pharma sind jedoch unterschiedlich. In Südbaden sind meist Tochtergesellschaften der nordwestschweizerischen Grosschemie angesiedelt, aber auch einzelne stark diversifizierte kleine Betriebe. Im Oberelsass befinden sich ebenfalls Niederlassungen der Basler Konzerne, sonst aber finden sich in diesem Teilraum (nebst ebensolchen Mittelbetrieben wie in Deutschland) auch gewichtige Produzenten der Basischemie, die hohe Wertschöpfungszahlen erarbeiten und somit einen bedeutenden Beitrag an die Wertschöpfung der Branche leisten. Auch andere ausländische Konzerne beginnen aktiv zu werden.

Die Zuwachsraten sind in allen drei Teilregionen bedeutend (insbesondere bei der Arbeitsproduktivität), aber es scheinen sich innerhalb des gesamten Untersuchungsgebietes doch Umschichtungen abzuzeichnen. Hervorgerufen werden diese einerseits durch die räumlich-politische Situation in der Nordwestschweiz, im speziellen Basel, andererseits durch die neuen Dezentralisierungs- und Globalisierungsstrategien der Konzerne. So sind in letzter Zeit in Frankreich und Deutschland und ausserhalb Basels in der Schweiz neue Produktions- und Forschungsfazilitäten geplant worden oder entstanden, währenddem in Basel-Stadt die Aktivitäten eher stagnieren. Die Zahl der Beschäftigten verringerte sich dort auch zahlenmässig am meisten (um ca. 2'000), wenn auch in allen drei Teilregionen Arbeitsplätze reduziert wurden. Dies dürfte ein Hinweis auf die Verstärkung der trinationalen Verflechtungen sein. Die Umschichtungen können für die Stadt Basel gewisse Probleme hervorrufen (Steuerrückgang, abnehmendes Investitionsvolumen) die aber - solange die Verlagerungen sich innerhalb der Region Oberrhein abspielen - für deren Zusammenwachsen förderlich sind.

6.1.3 Fahrzeugbau

Die beiden bisher betrachteten Branchen haben trotz einiger Unterschiede in allen drei Teilräumen der Oberrhein-Regio viele Gemeinsamkeiten. Nicht so der Fahrzeugbau, eine Teilbranche des Konglomerats Maschinen/Apparate/Fahrzeuge (Abb 10). Das gesamte Konglomerat gehört mit einer Bruttowertschöpfung von ca. 4.2 Mrd. Franken ebenfalls zu den gewichtigen Wirtschaftsfaktoren der Region. In den einzelnen Teilregionen sind die Verhältnisse allerdings völlig unterschiedlich. Im *Oberelsass* ist der Fahrzeugbau ein Wirtschaftszweig von grosser Bedeutung. Zu Beginn des Jahrhunderts hat das Elsass am Ursprung der Automobilkonstruktion partizipiert, die Firmen Dietrich, Mathis, Bugatti errichteten die ersten Automobilwerkstätten und in deren Umfeld entstanden Karosserien, Werkzeughersteller usw. In der jüngsten Zeit sind es vor allem Automobilhersteller und Zulieferanten, die das wirtschaftliche Rückgrat der Branche Maschinen/Apparate/Fahrzeuge bilden. 26'600 Beschäftigte erarbeiteten 1991 im Oberelsass eine Wertschöpfung von ca. 2.4 Mrd. Schweizer Franken mit einer gegenüber dem Vorjahr erheblich höheren Arbeitsproduktivität (+8.7%) von 88'800 Franken. Um dies zu erreichen musste allerdings die Zahl der Beschäftigten um 4% gesenkt werden. In *Südbaden* existiert der eigentliche Fahrzeugbau kaum. Die grossen Automobilproduzenten befinden sich im nördlichen Teil Baden-Württembergs, im Süden haben lediglich einige Zulieferbetriebe ihr Domizil. Ähnliche Dimensionen treffen wir in der *Nordwestschweiz* an. Dort sind es allerdings nicht Zulieferanten an private Fahrzeughersteller, sondern Produzenten und Zulieferanten von öffentlichen Verkehrsmitteln, die für gewisse (bescheidene) Aktivitäten in diesem Sektor verantwortlich zeichnen.

BIP, Beschäftigte und Produktivität einzelner Branchen 90/91

Maschinen/Apparate/Fahrzeuge

	Nordwestschweiz			Südbaden			Oberelsass			Regio Oberrhein		
	1990	1991	% Ver.	1990	1991	% Ver.	1990	1991	% Ver.	1990	1991	% Ver.
BIP (Mio. sFr.)	705.6	732.5	3.8%	985.5	1'095.8	11.2%	2'269.8	2'364.1	4.2%	3'960.9	4'192.4	5.8%
Beschäftigte	7'545	7'455	-1.2%	17'404	18'442	6.0%	27'780	26'616	-4.2%	52'729	52'513	-0.4%
Arbeitsproduktivität (sFr.)	93'500.-	98'300.-	5.1%	56'600.-	59'400.-	4.9%	81'700.-	88'800.-	8.7%	75'100.-	79'800.-	6.3%

Abb. 10

Bruttowertschöpfung und Beschäftigte in der Regio Oberrhein 1991 (Mio. sFr.)

Branche	Nordwestschweiz		Südbaden		Haut-Rhin		Total Regio	
	Beschäftigte	Bruttowert-schöpfung	Beschäftigte	Bruttowert-schöpfung	Beschäftigte	Bruttowert-schöpfung	Beschäftigte	Bruttowert-schöpfung
Landwirtschaft	8'809	273.0	10'475	386.5	7'681	586.5	26'965	1'246.0
Bergbau/Energie/Wasser	1'846	280.4	3'086	577.1	2'512	437.3	7'444	1'294.8
Nahrungsmittel/Getränke/Tabak	5'736	737.0	12'260	892.4	6'748	492.6	24'744	2'122.0
Textil/Bekleidung/Schuhe/Leder	1'988	161.4	14'155	803.7	11'768	610.3	27'911	1'575.4
Chemische Industrie	39'328	6'043.8	14'734	1'403.2	11'681	1'553.9	65'743	9'000.9
Metallindustrie/EBM	5'478	517.2	14'766	837.8	8'666	636.6	28'910	1'991.6
Maschinen/Apparate/Fahrzeuge	7'455	732.5	18'442	1'095.8	26'616	2'364.1	52'513	4'192.4
Elektrotechnik/Elektronik/Uhren	7'365	761.1	20'461	1'183.9	7'984	450.1	35'810	2'395.1
Übriges verarbeitendes Gewerbe	18'302	1'664.9	24'647	1'518.8	22'639	1730.0	65'588	4'913.7
Handel	37'959	3'113.5	58'687	2'258.8	35'946	2'610.4	132'592	7'982.7
Banken/Versicherungen	17'518	3'680.2	12'471	1'131.5	6'239	645.4	36'228	5'457.1
Verkehr/Nachrichten	24'486	2'014.2	18'761	1'308.1	14'319	809.5	57'566	4'131.8
Gastgewerbe	15'270	696.8	21'813	1'008.1	9'038	365.4	46'121	2'070.3
Übrige Dienstleistungen	49'284	3'421.7	52'205	5'113.9	24'372	1'592.0	125'861	10'127.6
Bauwirtschaft	37'370	2'744.9	29'088	1'866.7	18'364	927.8	84'822	5'539.4
Öffentliche Hand	54'801	4'198.2	95'186	4'506.6	63'772	4'277.5	213'759	12'982.3
TOTAL	332'995	31'040.8	421'237	25'892.9	278'345	20'089.4	1'032'577	77'023.1

Abb. 11: Beschäftigte und Bruttowertschöpfung in der Regio 1991 (Mio. Fr.)

7. Schlussfolgerungen

Aus den vorhergehenden Untersuchungen lassen sich nunmehr folgende Schlussfolgerungen ziehen:

1. Die Region Oberrhein erwirtschaftet eine Bruttowertschöpfung von 77 Mrd. Schweizer Franken. Sie stellt damit einen wichtigen Wirtschaftsraum dar, dem infolge seiner internationalen Zersplitterung nicht die Bedeutung beigemessen wird, die ihm eigentlich zukommt.

2. Dass das Bestehen dieses Wirtschaftsraumes keine Utopie, sondern eine Tatsache ist, zeigen die intensiven zwischen den Teilregionen existierenden wirtschaftlichen Ströme und Verflechtungen. Ihr Volumen nimmt laufend zu.

3. Wenn man diese Region ökonomisch analysiert, so ist festzustellen, dass ihre wirtschaftliche Potenz (Wertschöpfungsvolumen, Arbeitsproduktivität) und die Entwicklungsmöglichkeiten (z.B. Pharma in der ganzen Region, Elektronik im Elsass etc.) überdurchschnittlich gross sind.

4. Eine nähere Analyse des Industriesektors zeigt, dass in den drei Teilregionen (Oberelsass, Südbaden, Nordwestschweiz) zum Teil Branchen mit ähnlichen Problemen und Entwicklungen bestehen, zum Teil aber auch solche mit völlig divergierenden Situationen. Die Chemie spielt in allen drei Gebieten eine dominierende Rolle und stellt für den Wirtschaftsraum Oberrhein als Ganzes die wichtigste Branche dar.

5. Aufgrund obiger Überlegungen hat die Region Oberrhein ein nach internationalen Maßstäben bedeutendes wirtschaftliches Entwicklungspotential, sofern es gelingt das Zusammenwachsen der drei Teilregionen zu fördern. Wichtigster Faktor wird dabei der Mensch sein, seine Integrationsfähigkeit und seine Bereitschaft, für Unterschiede und andere Meinungen Toleranz und Akzeptanz aufzubringen, um die übergeordneten regionalen Ziele zu erreichen.

Teil VI

Strukturwandel in der Nordwestschweiz 1985–1991

Analyse der Ergebnisse der eidgenössischen Betriebszählung 1991

Lic. rer. pol. Johann Christoffel

Statistisches Amt des Kantons Basel-Landschaft

1. Einleitung

2. Arbeitsstätten und Beschäftigte

3. Regionale Veränderungen 1985 - 91

4. Branchenstruktur im Wandel

5. Grössenklassen der Arbeitsstätten

6. Voll- und Teilzeitbeschäftigung von Männern und Frauen

Tabellenanhang

1. Einleitung

Die Betriebszählungen stellen auf Landesebene die einzigen Vollerhebungen bei den Betrieben und Unternehmungen dar. Sie bilden deshalb ein überaus wichtiges Element der schweizerischen Wirtschaftsstatistik und ermöglichen die Erfüllung der verschiedensten Informationsbedürfnisse. Die hier vorgestellten Ergebnisse der Betriebszählung 1991 beziehen sich auf die Wirtschaftsregion Nordwestschweiz mit ihren Teilräumen gemäss Definition der Regio Wirtschaftsstudie Nordwestschweiz.

Die sich rasch wandelnde Wirtschaftsstruktur führte zu einem steigenden Bedarf nach aktuellen wirtschaftsstatistischen Informationen . Um die Entwicklung der Beschäftigten sowohl nach Branchen als auch regional besser beobachten zu können, führte das Bundesamt für Statistik (BFS) mit Stichtag 30. September 1991 bei allen Industrie-, Gewerbe- und Dienstleistungsbetrieben inklusive der öffentlichen Verwaltung eine Zwischenerhebung durch. Der Fragenkatalog dieser Erhebung war gegenüber den seit 1955 alle zehn Jahre (letztmals 1985) stattfindenden Betriebszählungen stark reduziert worden. Erhoben wurden in der Betriebszählung 1991 die Branchenzugehörigkeit der Betriebe sowie die jeweilige Anzahl der Beschäftigten differenziert nach Geschlecht und Arbeitspensum.

In der Betriebszählung 1991 wurden sämtliche privat- und öffentlich-rechtlichen Arbeitsstätten erfasst, mit Ausnahme der Arbeitsstätten des ersten Sektors. In den hier publizierten Angaben sind somit die Landwirtschafts-, Gartenbau-, Forstwirtschafts- und Fischereibetriebe nicht enthalten.

Als Arbeitsstätte gilt in der Regel jede örtlich abgegrenzte Einheit (z.B. ein Gebäude oder ein Grundstück), in der eine oder mehrere Personen während mindestens 20 Stunden pro Woche haupt- oder nebenberuflich tätig sind.

Bei den Angaben zu den Beschäftigten sind diejenigen Personen berücksichtigt, welche pro Woche insgesamt während mindestens sechs Stunden tätig sind, unabhängig davon, ob die Tätigkeit entlöhnt oder nicht entlöhnt wird. Als Vollzeitbeschäftigte gelten diejenigen Beschäftigten, welche während mindestens 90% der betriebsüblichen Arbeitszeit beschäftigt sind.

2. Arbeitsstätten und Beschäftigte

Im Rahmen der Betriebszählung 1991 wurden in der Nordwestschweiz 250 212 Vollzeitbeschäftigte gezählt. Damit waren im Jahre 1991 8,6 % der Vollzeitbeschäftigten in der Schweiz in dieser Region tätig. Geringere Anteile als bei den Beschäftigten weist die Nordwestschweiz bei der Bodenfläche und bei der Wohnbevölkerung auf. Von der Gesamtfläche der Schweiz in der Höhe von 41 285 km² entfallen 1011 km² oder 2,5 % auf die Region Nordwestschweiz. An der Wohnbevölkerung in der Schweiz hatte die Nordwestschweiz mit über 530 000 Einwohnern im Jahre 1990 einen Anteil von 7,7 %.

Region Nordwestschweiz nach Teilgebiet 1991

1 Kanton, Bezirk	Fläche[1] in qkm	Bevölkerung[2]	Beschäftigte
Schweiz	41 285	6 873 687	2 911 354
Nordwestschweiz	1 011	531 951	250 212
Basel-Stadt	37	199 411	132 241
Basel-Landschaft	428	233 488	83 661
Rheinfelden, Laufenburg[3]	279	56 145	21 037
Laufen	90	14 996	5 913
Thierstein, Dorneck	177	27 911	7 360

[1]) Arealstatistik 1979/85. [2]) Volkszählung 1990. [3]) Inkl. Gemeinde Bözen, Effingen und Elfingen (Bezirk Brugg).

Von 1985 bis 1991 nahm die Zahl der Arbeitstätten in der Nordwestschweiz um knapp 1 500 Einheiten oder um 6,8 % zu. Die Gesamtzahl der Arbeitsstätten betrug im Jahre 1991 23 414 Einheiten gegenüber 21 923 Einheiten im Jahre 1985.

Arbeitsstätten 1985 und 1991

2 Kanton, Bezirk	1985	1991	Zunahme abs.	in %
Nordwestschweiz	21 923	23 414	1 491	6,8
Basel-Stadt	10 235	10 283	48	0,5
Basel-Landschaft	7 947	8 949	1 002	12,6
Rheinfelden, Laufenburg[1]	2 099	2 397	298	14,2
Laufen	642	713	71	11,1
Thierstein, Dorneck	1 000	1 072	72	7,2

[1]) Inkl. Gemeinde Bözen, Effingen und Elfingen (Bezirk Brugg).

Bei den Vollzeitbeschäftigten war von 1985 bis 1991 eine Zunahme um 17 976 Beschäftigte oder um 7,7 % zu verzeichnen. In den Jahren von 1975 bis 1985 hatten die Vollzeitbeschäftigten in der Nordwestschweiz um 6 258 Personen oder um 2,7 % zugenommen. Im Vergleich dazu ist der Beschäftigtenzuwachs in den letzten sechs Jahren um über 10 000 Personen oder um 5 Prozentpunkte höher ausgefallen.

Vollzeitbeschäftigte 1985 und 1991

3 Kanton, Bezirk	1985	1991	Zunahme abs.	in %
Nordwestschweiz	232 236	250 212	17 976	7,7
Basel-Stadt	129 631	132 241	2 610	2,0
Basel-Landschaft	73 006	83 661	10 655	14,6
Rheinfelden, Laufenburg[1]	17 371	21 037	3 666	21,1
Laufen	5 174	5 913	739	14,3
Thierstein, Dorneck	7 054	7 360	306	4,3

[1]) Inkl. Gemeinde Bözen, Effingen und Elfingen (Bezirk Brugg).

3. Regionale Veränderungen 1985 - 91

Von den im Jahre 1991 in der Nordwestschweiz vollzeitbeschäftigten Personen entfielen fast 53 % auf den Kanton Basel-Stadt. Ein Drittel aller Vollzeitbeschäftigten war in den Arbeitsstätten des Kantons Basel-Landschaft beschäftigt. Der Anteil des aargauischen Teilgebiets machte 1991 8,4 % aus. Weniger als 3 % betrugen die Anteile des Bezirks Laufen und der Bezirke Thierstein und Dorneck.

Die absolut betrachtet höchste Beschäftigtenzunahme in der Region Nordwestschweiz verzeichnete seit 1985 der Kanton Basel-Landschaft mit einer Zunahme um 10 655 Beschäftigten oder um 14,6 %. Damit entfiel fast 60 % der gesamten Beschäftigtenzunahme in der Nordwestschweiz allein auf das Baselbiet. Die höchste prozentuale Zunahme gegenüber 1985 wurde dagegen in den beiden aargauischen Bezirken Rheinfelden und Laufenburg registriert. Von 1985 bis 1991 nahmen die Beschäftigten in diesen beiden Bezirken um über 3 600 Personen oder um 21,1 % zu. In der gleichen Grössenordnung wie im Baselbiet verlief das prozentuale Beschäftigtenwachstum im bernischen Bezirk Laufen (+14,3 %). Deutlich geringer war die Zunahme in den beiden Solothurner Bezirken Thierstein und Dorneck (+4,3 %) sowie im Kanton Basel-Stadt, wo von 1985 bis 1991 bei den Vollzeitbeschäftigten eine Zunahme um 2 610 Personen oder um 2,0 % resultierte.

Veränderung der Beschäftigtenzahl nach Teilgebiet 1985 - 91

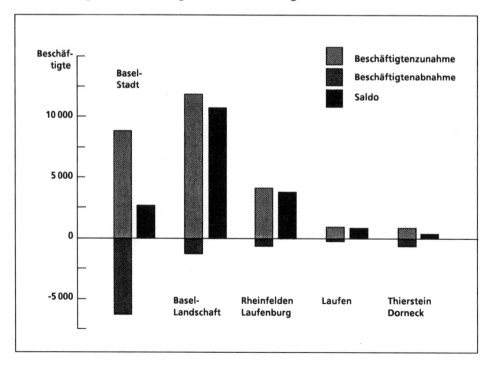

Seit der Betriebszählung im Jahre 1985 erfolgte in sämtlichen - in der Tabelle 3 ausgewiesenen - Teilgebieten der Nordwestschweiz ein Zuwachs bei der Beschäftigtenzahl. Werden hingegen die Resultate auf Bezirks- und Gemeindeebene betrachtet, ergibt sich ein differenzierteres Bild. So verzeichnete der solothurnische Bezirk Thierstein als einziger nordwestschweizerischer Bezirk von 1985 bis 1991 eine Abnahme der Beschäftigten um 2,2 %. Auf Gemeindeebene mussten in knapp einem Drittel der 152 nordwestschweizerischen Gemeinden seit 1985 Beschäftigtenverluste registriert werden.

4. Branchenstruktur im Wandel

Bei den Arbeitsstätten resultierte in der Nordwestschweiz gegenüber 1985 im zweiten Sektor eine Zunahme um 5,2 %. Eine höhere Zunahme war mit 7,3 % im dritten Sektor zu verzeichnen. Fast vier Fünftel aller nordwestschweizerischen Arbeitsstätten wurden aufgrund der Betriebszählung 1991 dem Dienstleistungssektor zugerechnet.

Arbeitsstätten und Beschäftigte nach Sektor

4 Sektor	1985	1991	Zunahme abs.	in %
	Arbeitsstätten			
Total (ohne Sektor 1)	21 923	23 414	1 491	6,8
Sektor 2	4 802	5 051	249	5,2
Sektor 3	17 121	18 363	1 242	7,3
	Vollzeitbeschäftigte			
Total (ohne Sektor 1)	232 236	250 212	17 976	7,7
Sektor 2	105 746	113 006	7 260	6,9
Sektor 3	126 490	137 206	10 716	8,5

Der Zuwachs bei den Vollzeitbeschäftigten betrug in der Nordwestschweiz von 1985 bis 1991 im zweiten Sektor 6,9 %, im dritten Sektor 8,5 %. Von 1975 bis 1985 musste im zweiten Sektor bei den Beschäftigten noch eine Abnahme in der Grössenordnung von 6 % festgestellt werden. Der Anteil der Beschäftigten im dritten Sektor nahm seit 1975 leicht zu. Dieser Anteil lag im Jahre 1991 bei 54,8 % gegenüber 54,5 % im Jahre 1985. Auf den zweiten Sektor entfielen im Jahre 1991 dementsprechend 45,2 % aller Vollzeitbeschäftigten in der Nordwestschweiz.

Erwartungsgemäss weichen die Teilgebiete der Nordwestschweiz in ihrer sektoralen Struktur sehr stark voneinander ab. Im Kanton Basel-Stadt dominierte der Dienstleistungssektor mit einem Beschäftigtenanteil von 63 % klar. Gerade umgekehrt stellten sich im Jahre 1991 die Verhältnisse im aargauischen, bernischen und solothurnischen Teilgebiet dar, wo der industriell-gewerbliche Sektor einen Anteil von jeweils gut 60 % aufwies. Eine Zwischenstellung hatte 1991 der Kanton Basel-Landschaft inne: Die Beschäftigtenanteile betrugen im Jahre 1991 bei der Industrie und im Gewerbe 51 %, bei den Dienstleistungen 49 %.

Die Abnahme des Beschäftigtenanteils des zweiten Sektors seit 1985 ist bedingt durch die unterdurchschnittliche Beschäftigtenzunahme in der Verarbeitenden Produktion. Obwohl die Zahl der Vollzeitbeschäftigten in der Verarbeitenden Produktion gegenüber 1985 um über 3 900 Personen oder um 5 % zunahm, sank der Beschäftigtenanteil dieses Bereichs von 34,1 % im Jahre 1985 auf 33,3 % im Jahre 1991. Teilweise aufgefangen wurde im zweiten Sektor der Rückgang des Beschäftigtenanteils durch die überdurchschnittlich starke Zunahme der Vollzeitbeschäftigten im nordwestschweizerischen Baugewerbe. Der Beschäftigtenanteil des Baugewerbes stieg von 10,6 % auf 11,2 % im Jahre 1991.

Die Zunahme des Beschäftigtenanteils des dritten Sektors ist auf das überdurchschnittliche Wachstum im Bereich Banken, Versicherungen und Beratung zurückzuführen. In diesem Bereich stieg die Zahl der Vollzeitbeschäftigten von 1985 bis 1991 um 6 400 Personen oder um über 23 %. Der Beschäftigtenanteil dieses Bereichs stieg von knapp 12 % im Jahre 1985 auf 13,5 % im Jahre 1991 an. Praktisch unverändert gegenüber 1985 sind die Beschäftigtenanteile beim Verkehr und bei der Nachrichtenübermittlung, bei den Sonstigen Dienstleistungen sowie in der Öffentlichen Verwaltung. Einen geringeren Beschäftigtenanteil als 1985 verzeichnete im Jahre 1991 hingegen der Bereich Handel, Gastgewerbe und Reparaturgewerbe. Mit einem Anteil von knapp 19 % an den insgesamt im Jahre 1991 in der Nordwestschweiz vollzeitbeschäftigten Personen stellt dieser Bereich aber im dritten Sektor nach wie vor die grösste Zahl der Beschäftigten.

In der grafischen Abbildung auf der folgenden Seite sind diejenigen Wirtschaftsklassen (Branchen) mit den höchsten absoluten Beschäftigtenzunahmen respektive -abnahmen seit 1985 aufgezeichnet. Durch die Differenzierung der Darstellung nach dem Kanton Basel-Stadt und nach dem übrigen Gebiet der Nordwestschweiz werden gegenläufige Entwicklungen im Kern und im äusseren Gebiet dieser Region sichtbar.

Die grösste Beschäftigtenzunahme aller Branchen erfolgte seit 1985 im Bereich Beratung, Planung und Informatik. Von 1985 bis 1991 stieg die Beschäftigung in dieser Branche um 5 000 Personen oder um über 50 %. An zweiter Stelle folgt die Chemische Industrie mit einem Beschäftigtenzuwachs von 3 300 Personen. Die drittgrösste Zunahme erzielte der Grosshandel mit einem Wachstum von über 2 100 Vollzeitbeschäftigten. Während bei der Chemischen Industrie und bei der Beratung, Planung und Informatik sowohl der Kanton Basel-Stadt als auch die übrige Nordwestschweiz eine Beschäftigungszunahme erzielten, wurden beim Grosshandel für die beiden Teilgebiete unterschiedliche Entwicklungen registriert. So steht beim Grosshandel einer Abnahme von 430 Arbeitsplätzen im Kanton Basel-Stadt eine Zunahme von knapp 2 600 Arbeitsplätzen in der übrigen Region Nordwestschweiz gegenüber. Zu den weiteren Gewinnern zählten 1991 das Baugewerbe, der Strassenverkehr, die Banken und Finanzgesellschaften sowie die Heime und die Wohlfahrtspflege mit einem Plus von je über 1000 Vollzeitbeschäftigten gegenüber dem Jahre 1991.

Zu- und Abnahme der Vollzeitbeschäftigten nach Wirtschaftsklassen 1985–91

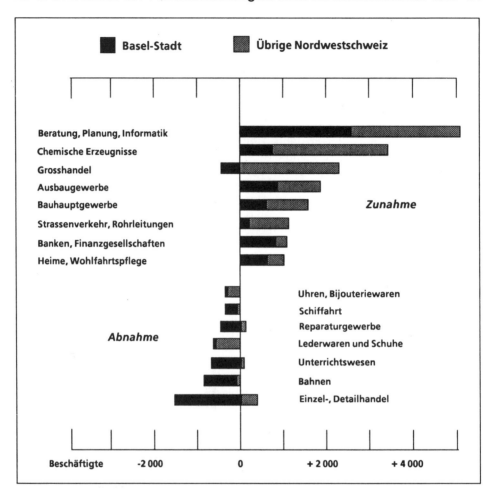

Der grösste Beschäftigungsverlust in der Nordwestschweiz war von 1985 bis 1991 beim Einzel- und Detailhandel mit einem Minus von 1 072 Beschäftigten zu verzeichnen. Dabei ist diese Abnahme auf zwei gegenläufige Entwicklungen zurückzuführen. Während im Kanton Basel-Stadt im Detailhandel seit 1985 über 1 500 Vollzeitarbeitsplätze verlorengingen, verzeichnete die gleiche Branche in der übrigen Nordwestschweiz einen Zuwachs von knapp 440 Arbeitsplätzen. Zu den Verlierern gehören weiter im Dienstleistungsbereich die Bahnen und die Schiffahrt, das Unterrichtswesen und das Reparaturgewerbe. Bei den hier aufgeführten Branchen des Dienstleistungsbereichs erfolgte die Beschäftigtenabnahme hauptsächlich im Kanton Basel-Stadt. Mit Ausnahme der Bahnen und der Schiffahrt war seit 1985 in der übrigen Nordwestschweiz eine gegenläufige Tendenz festzustellen. Die höchsten Beschäftigtenverluste im industriell-gewerblichen Sektor verzeichneten seit 1985 die Lederwaren- und Schuhindustrie sowie der Bereich Uhren und Bijouteriewaren. Vom deutlichen Rückgang der Beschäftigten in diesen beiden Branchen war vor allem die übrige Nordwestschweiz betroffen.

5. Grössenklassen der Arbeitsstätten

In der letzten Tabelle des Tabellenanhangs sind die wichtigsten Branchen nach Beschäftigtengrössenklassen gegliedert. Die Betrachtung der Arbeitsstätten und der Beschäftigten nach Grössenklassen gibt einen Hinweis auf die Konzentration innerhalb der verschiedenen Sektoren und Branchen. Allerdings sind nur näherungsweise Aussagen möglich, da aus den Angaben über die Arbeitsstätten als Erhebungsgrundlage in der Betriebszählung nicht auf die zugrundeliegenden Unternehmungen sowie auf deren gegenseitige Verflechtungen geschlossen werden kann (siehe die methodischen Hinweise in der Einleitung).

Arbeitstätten und Beschäftigte nach Grössenklassen

5 Beschäftigte pro Arbeitsstätte	Grundzahlen 1991		Prozentzahlen 1991	
	Arbeitsstätten	Beschäftigte	Arbeitsstätten	Beschäftigte
Total	23 414	250 212	100,0	100,0
1	8 634	8 634	36,9	3,5
2 – 9	10 886	41 629	46,5	16,6
10 – 49	3 170	63 710	13,5	25,5
50 – 99	388	26 783	1,7	10,7
100 – 199	207	28 749	0,9	11,5
200+	129	80 707	0,6	32,3

Im Jahre 1991 wiesen in der Nordwestschweiz fast 37 % aller Arbeitsstätten genau eine vollzeitbeschäftigte Person auf. Insgesamt 83,4 % aller Arbeitsstätten wurden 1991 zu den Kleinbetrieben mit 1-9 Beschäftigten gezählt. Der Anteil der Grossbetriebe mit 100 und mehr Beschäftigten machte 1991 gerade einen Anteil von 1,5 % aus.

Die 336 Grossbetriebe der Nordwestschweiz beschäftigten im Jahre 1991 insgesamt fast 110 000 Personen, was einen Anteil von 44 % am Gesamttotal der Vollzeitbeschäftigten ausmachte. Über 90 000 Personen oder 36 % aller Vollzeitbeschäftigten arbeiteten 1991 in Mittelbetrieben mit 10-99 Beschäftigten. Auf die Kleinbetriebe, zu denen über vier Fünftel aller Arbeitsstätten in der Nordwestschweiz gehörten, entfielen 1991 etwas mehr als 50 000 Beschäftigte oder 20 %.

Bei der sektoralen Betrachtung der Beschäftigtengrössenklassen werden deutliche Unterschiede sichtbar. Während im industriell-gewerblichen Bereich der Beschäftigtenanteil der Kleinbetriebe im Jahre 1991 bei knapp 10 % lag, betrug dieser im Dienstleistungsbereich fast 29 %. Gerade umgekehrt verhält es sich bei den Grossbetrieben. Sie dominierten die Industrie und das Gewerbe klar mit einem Beschäftigtenanteil von beinahe 60 %. Im Dienstleistungssektor dagegen war in der Nordwestschweiz nur jeder dritte Vollzeitbeschäftigte in einem Grossbetrieb tätig.

Beschäftigtenanteile nach Betriebsgrösse

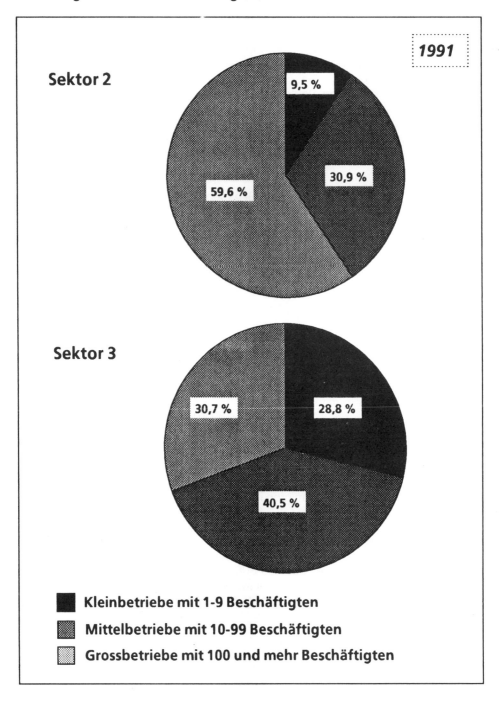

Im Jahre 1991 betrug in der Nordwestschweiz die durchschnittliche Anzahl der Vollzeitbeschäftigten pro Arbeitsstätte 11 Beschäftigte. Eine markante Differenz bei der Arbeitsstättengrösse war 1991 zwischen den Wirtschaftssektoren festzustellen. Die durchschnittliche Arbeitsstättengrösse betrug im zweiten Sektor 22 Beschäftigte, im dritten Sektor dagegen nur 7 Beschäftigte. Darin widerspiegelt sich der im letzten Abschnitt erwähnte Sachverhalt, dass im Industriesektor die Grossbetriebe, im Dienstleistungssektor hingegen die Klein- und Mittelbetriebe den jeweils grösseren Beschäftigtenanteil aufweisen.

Bei den Branchen wies die Chemische Industrie im Jahre 1991 mit knapp 250 Beschäftigten pro Arbeitsstätte den mit Abstand höchsten Durchschnittswert in der Region Nordwestschweiz auf. Mit jeweils durchschnittlich 50 Vollzeitbeschäftigten pro Arbeitsstätte folgten 1991 die Getränkeindustrie, der Bereich Papier und Papierwaren sowie die Luftfahrt und die Bahnen. Die Banken und Finanzgesellschaften hatten 27 Beschäftigte pro Arbeitsstätte. Die niedrigsten Werte in der Nordwestschweiz verzeichneten das Reparaturgewerbe, der Einzel- und Detailhandel sowie die Handelsvermittlung mit jeweils unter 5 Beschäftigten pro Arbeitsstätte.

6. Voll- und Teilzeitbeschäftigung von Männern und Frauen

Die bisherigen Angaben zu den Beschäftigten bezogen sich jeweils auf die Vollzeitbeschäftigten mit einem Arbeitspensum von mindestens 90 % der betriebsüblichen Arbeitszeit. Zu den Teilzeitbeschäftigten wurden in der Betriebszählung 1991 diejenigen Beschäftigten gezählt, welche pro Woche während weniger als 90 % der betriebsüblichen Arbeitszeit tätig waren.

Die Gesamtzahl der in der Nordwestschweiz insgesamt beschäftigten Personen betrug im Jahre 1991 324 186 Personen. Knapp 74 000 Personen oder 22,8 % davon waren teilzeitbeschäftigt. Je die Hälfte der Teilzeitbeschäftigten wies dabei ein Arbeitspensum von 50-89 % bzw. von unter 50 % der betriebsüblichen Arbeitszeit auf.

Am stärksten verbreitet war die Teilzeitbeschäftigung im Kanton Basel-Stadt mit über 40 000 Teilzeitbeschäftigten, was einen Anteil von 23,7 % am Gesamttotal der in diesem Kanton beschäftigten Personen ergibt. Den geringsten Anteil wies 1991 der Bezirk Laufen mit einem Anteil von 18 % auf.

Beschäftigte nach Arbeitspensum[1] 1991

6 Arbeitspensum	Voll- und Teilzeitbeschäftigte Insgesamt	Männer	Frauen
	Grundzahlen		
Total	324 186	197 424	126 762
90 % +	250 212	181 715	68 497
50 – 89 %	36 144	6 483	29 661
unter 50 %	37 830	9 226	28 604
	Prozentzahlen		
Total	100,0	60,9	39,1
90 % +	100,0	72,6	27,4
50 – 89 %	100,0	17,9	82,1
unter 50 %	100,0	24,4	75,6

[1]) In Prozent der betriebsüblichen Arbeitszeit.

Über 62 000 Personen oder 85 % aller Teilzeitbeschäftigten der Nordwestschweiz waren im Jahre 1991 im Dienstleistungssektor tätig. Mit über 11 000 Personen wies dabei der Einzel- und Detailhandel absolut am meisten Teilzeitbeschäftigte auf. Es folgten im Jahre 1991 das Gesundheitswesen mit 9500 Teilzeitbeschäftigten sowie das Unterrichtswesen mit knapp 8000 teilzeitbeschäftigten Personen. Die Grössenordnung von 5000 Teilzeitbeschäftigten erreichte 1991 das Gastgewerbe und der Bereich Beratung, Planung und Informatik. Knapp über 3000 Teilzeitbeschäftigte wies im Jahre 1991 die Chemische Industrie auf.

In der Nordwestschweiz waren im Jahre 1991 126 762 Frauen berufstätig. Der Anteil der Frauen an den Beschäftigten insgesamt betrug damit 39,1 %. Mit einem Anteil von 41,5 % waren die Frauen im Kanton Basel-Stadt am stärksten vertreten. Einen höheren Anteil als das Baselbiet (36,5 %) wiesen 1991 mit 37,2 % die beiden aargauischen Bezirke Rheinfelden und Laufenburg auf. Im Bezirk Laufen betrug der Anteil der Frauen an den Beschäftigten 33 %.

In der Nordwestschweiz entfiel im Jahre 1991 über die Hälfte aller beschäftigten Frauen auf lediglich sechs Branchen, welche abgesehen von der Chemischen Industrie mit insgesamt 11 000 beschäftigten Frauen alle dem Dienstleistungssektor angehörten. Die grösste Anzahl an beschäftigten Frauen in der Nordwestschweiz wies im Jahre 1991 der Einzel- und Detailhandel mit 19 500 Frauen auf. Über 17 000 Frauen waren 1991 im Gesundheitswesen beschäftigt. Im Gastgewerbe wurden aufgrund der Betriebszählung 9 000 weibliche Beschäftigte gezählt. Noch je über 6000 Frauen arbeiteten im Unterrichtswesen sowie im Bereich Beratung, Planung und Informatik.

Voll- und Teilzeitbeschäftigte 1991

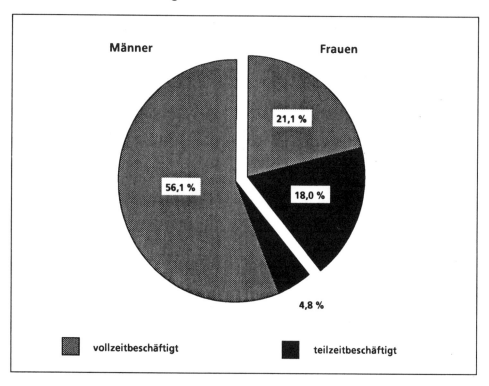

Im Jahre 1991 wiesen in der Region Nordwestschweiz 46 % aller beschäftigten Frauen, aber nur 8 % aller beschäftigten Männer ein Arbeitspensum von weniger als 90 % der betriebsüblichen Arbeitszeit auf. Bezogen auf das Gesamttotal der Beschäftigten machten dabei die teilzeitbeschäftigten Frauen einen Anteil von 18 % aus. Wie die Angaben in der Grafik auf der vorhergehenden Seite zeigen, wiesen dagegen im Jahre 1991 die teilzeitbeschäftigten Männer lediglich einen Anteil von knapp 5 % an den insgesamt beschäftigten Personen auf. Gerade umgekehrt waren die Verhältnisse bei den Vollzeitbeschäftigten, wo die Frauen einen Anteil von 21 %, die Männer hingegen einen Anteil von 56 % am Total der Beschäftigten ausmachten.

Zu den Tabellen

Für die Betriebszählung 1991 wurde gegenüber der Erhebung 1985 eine Neudefinition der Vollzeitbeschäftigten vorgenommen (siehe Einleitung). Um die Vergleichbarkeit der beiden Zählungen trotzdem zu gewährleisten, hat das Bundesamt für Statistik (BFS) die Resultate der Erhebung 1985 an die neue Definition der Vollzeitbeschäftigten angepasst. Die im Tabellenanhang enthaltenen Ergebnisse zu den Betriebszählungen 1985 und 1991 entsprechen jeweils dieser angepassten Version.

In den Tabellen A1 bis A4 des Tabellenanhangs sind die Ergebnisse von 1985 und 1991 für alle Wirtschaftsklassen (mit Ausnahme des ersten Sektors) abgedruckt. In der Tabelle A5 sind die Angaben über die Voll- und Teilzeitbeschäftigten im Jahre 1991 dargestellt, differenziert nach verschiedenen Arbeitspensen, welche als Prozentsatz der betriebsüblichen Arbeitszeit definiert werden. Tabelle A6 enthält für jede Angabe in der Tabelle A5 den Anteil der Frauen in Promille. Die Tabellen A7 und A8 enthalten eine Zusammenstellung der wichtigsten Branchen nach Beschäftigtengrössenklassen.

Arbeitsstätten nach Wirtschaftsklassen 1985 und 1991

A1 Wirtschaftssektor, Wirtschaftsabteilung, -klasse	Arbeitsstätten 1985	1991	Zunahme abs.	in %
Total (ohne Sektor 1)	***21 923***	***23 414***	***1 491***	***6,8***
Sektor 2	4 802	5 051	249	5,2
Energie- und Wasserversorgung, Bergbau	54	56	2	3,7
Energie- und Wasserversorgung	52	54	2	3,9
Bergbau	2	2	-	-
Verarbeitende Produktion	2 717	2 776	59	2,2
Nahrungsmittel	108	100	-8	-7,4
Getränke	17	19	2	11,8
Tabakwaren	1	2	1	100,0
Textilien	30	34	4	13,3
Bekleidungen und Wäsche	146	104	-42	-28,8
Holzbe- u. -verarbeitung, Möbel	535	529	-6	-1,1
Papier und Papierwaren	26	26	-	-
Graphische Erzeugnisse, Verlagswesen	335	364	29	8,7
Lederwaren und Schuhe	42	28	-14	-33,3
Chemische Erzeugnisse	121	146	25	20,7
Kunststoff- und Kautschukwaren	72	71	-1	-1,4
Abbau u. Verarb. von Steinen und Erden	155	152	-3	-1,9
Metallbearbeitung und -verarbeitung	419	403	-16	-3,8
Maschinen- und Fahrzeugbau	216	269	53	24,5
Elektrotechnik, Elektronik, Feinmech., Optik	187	224	37	19,8
Uhren, Bijouteriewaren	83	88	5	6,0
Sonstiges verarbeitendes Gewerbe	224	217	-7	-3,3
Baugewerbe	2 031	2 219	188	9,3
Bauhauptgewerbe (ohne Stahlbau)	646	735	89	13,8
Ausbaugewerbe	1 385	1 484	99	7,2
Sektor 3	17 121	18 363	1 242	7,3
Handel, Gastgewerbe, Reparaturgewerbe	7 664	7 634	-30	-0,4
Grosshandel	1 162	1 475	313	26,9
Handelsvermittlung	152	103	-49	-32,2
Einzel-, Detailhandel	3 869	3 719	-150	-3,9
Gastgewerbe	1 415	1 369	-46	-3,3
Reparaturgewerbe	1 066	968	-98	-9,2
Verkehr, Nachrichtenübermittlung	1 288	1 310	22	1,7
Bahnen	73	54	-19	-26,0
Strassenverkehr, Rohrleitungen	585	597	12	2,1
Schiffahrt	79	67	-12	-15,2
Luftfahrt	21	29	8	38,1
Verkehrsvermittlung, Spedition, Lagerhäuser	298	330	32	10,7
Nachrichtenübermittlung	232	233	1	0,4

Arbeitsstätten nach Wirtschaftsklassen 1985 und 1991 (Fortsetzung)

A1 Wirtschaftssektor, Wirtschaftsabteilung, -klasse	Arbeitsstätten 1985	1991	Zunahme abs.	in %
Banken, Versicherungen, Immob., Beratung	3 996	5 089	1 093	27,4
Banken, Finanzgesellschaften	296	343	47	15,9
Versicherungen	265	287	22	8,3
Immobilien	194	213	19	9,8
Vermietung, Leasing	49	56	7	14,3
Beratung, Planung, Informatik	1 940	2 973	1 033	53,3
Persönliche Dienstleistungen	1 252	1 217	-35	-2,8
Sonstige Dienstleistungen (privat u. öffentlich)	3 630	3 804	174	4,8
Unterrichtswesen	1 092	1 070	-22	-2,0
Forschung und Entwicklung, Prüfung	35	49	14	40,0
Gesundheits- und Veterinärwesen	1 240	1 383	143	11,5
Umweltschutz	39	54	15	38,5
Heime, Wohlfahrtspflege	262	272	10	3,8
Kirchl., relig., weltanschauliche Vereinigungen	301	266	-35	-11,6
Interessenvertretung	168	166	-2	-1,2
Kultur, Sport, Erholung	493	544	51	10,3
Öffentliche Verwaltung	543	526	-17	-3,1
Öffentliche Verwaltung i.e.S.	534	515	-19	-3,6
Sozialversicherung	9	11	2	22,2

Promilleverteilung der Arbeitsstätten 1985 und 1991

A2 Wirtschaftssektor, Wirtschaftsabteilung	Arbeitsstätten Grundzahlen 1985	1991	Promillezahlen 1985	1991
Total (ohne Sektor 1)	21 923	23 414	1 000	1 000
Sektor 2	4 802	5 051	219	216
Energie- und Wasserversorgung, Bergbau	54	56	2	2
Verarbeitende Produktion	2 717	2 776	124	119
Baugewerbe	2 031	2 219	93	95
Sektor 3	17 121	18 363	781	784
Handel, Gastgewerbe, Reparaturgewerbe	7 664	7 634	350	326
Verkehr, Nachrichtenübermittlung	1 288	1 310	59	56
Banken, Versicherungen, Immob., Beratung	3 996	5 089	182	217
Sonstige Dienstleistungen	3 630	3 804	165	163
Öffentliche Verwaltung	543	526	25	22

Beschäftigte nach Wirtschaftsklassen 1985 und 1991

A3 Wirtschaftssektor, Wirtschaftsabteilung, -klasse	Vollzeitbeschäftigte		Zunahme	
	1985	1991	abs.	in %
Total (ohne Sektor 1)	*232 236*	*250 212*	*17 976*	*7,7*
Sektor 2	105 746	113 006	7 260	6,9
Energie- und Wasserversorgung, Bergbau	1 751	1 697	-54	-3,1
Energie- und Wasserversorgung	1 583	1 547	-36	-2,3
Bergbau	168	150	-18	-10,7
Verarbeitende Produktion	79 265	83 189	3 924	5,0
Nahrungsmittel	3 791	3 671	-120	-3,2
Getränke	1 116	1 047	-69	-6,2
Tabakwaren	24	22	-2	-8,3
Textilien	744	762	18	2,4
Bekleidungen und Wäsche	1 004	788	-216	-21,5
Holzbe- u. -verarbeitung, Möbel	3 967	4 524	557	14,0
Papier und Papierwaren	1 326	1 388	62	4,7
Graphische Erzeugnisse, Verlagswesen	4 651	4 728	77	1,7
Lederwaren und Schuhe	599	70	-529	-88,3
Chemische Erzeugnisse	32 978	36 306	3 328	10,1
Kunststoff- und Kautschukwaren	1 797	2 015	218	12,1
Abbau u. Verarb. von Steinen und Erden	2 580	2 658	78	3,0
Metallbearbeitung und -verarbeitung	7 712	7 566	-146	-1,9
Maschinen- und Fahrzeugbau	8 401	8 594	193	2,3
Elektrotechnik, Elektronik, Feinmech., Optik	6 732	7 586	854	12,7
Uhren, Bijouteriewaren	1 005	667	-338	-33,6
Sonstiges verarbeitendes Gewerbe	838	797	-41	-4,9
Baugewerbe	24 730	28 120	3 390	13,7
Bauhauptgewerbe (ohne Stahlbau)	12 853	14 442	1 589	12,4
Ausbaugewerbe	11 877	13 678	1 801	15,2
Sektor 3	126 490	137 206	10 716	8,5
Handel, Gastgewerbe, Reparaturgewerbe	46 527	47 291	764	1,6
Grosshandel	11 894	14 042	2 148	18,1
Handelsvermittlung	367	258	-109	-29,7
Einzel-, Detailhandel	19 533	18 461	-1 072	-5,5
Gastgewerbe	10 051	10 177	126	1,25
Reparaturgewerbe	4 682	4 353	-329	-7,0
Verkehr, Nachrichtenübermittlung	19 176	20 888	1 712	8,9
Bahnen	3 487	2 637	-850	-24,4
Strassenverkehr, Rohrleitungen	4 718	5 832	1 114	23,6
Schiffahrt	1 737	1 386	-351	-20,2
Luftfahrt	823	1 571	748	91,0
Verkehrsvermittlung, Spedition, Lagerhäuser	4 154	4 798	644	15,5
Nachrichtenübermittlung	4 257	4 664	407	9,6

Beschäftigte nach Wirtschaftsklassen 1985 und 1991 (Fortsetzung)

A3 Wirtschaftssektor, Wirtschaftsabteilung, -klasse	Vollzeitbeschäftigte		Zunahme	
	1985	1991	abs.	in %
Banken, Versicherungen, Immob., Beratung	27 507	33 907	6 400	23,3
Banken, Finanzgesellschaften	8 233	9 330	1 097	13,3
Versicherungen	5 086	5 614	528	10,4
Immobilien	595	656	61	10,3
Vermietung, Leasing	354	327	-27	-7,6
Beratung, Planung, Informatik	8 863	13 868	5 005	56,5
Persönliche Dienstleistungen	4 376	4 112	-264	-6,0
Sonstige Dienstleistungen (privat u. öffentlich)	26 344	27 707	1 363	5,2
Unterrichtswesen	6 584	5 942	-642	-9,8
Forschung und Entwicklung, Prüfung	564	720	156	27,7
Gesundheits- und Veterinärwesen	13 285	13 415	130	1,0
Umweltschutz	503	648	145	28,8
Heime, Wohlfahrtspflege	2 066	3 128	1 062	51,4
Kirchl., relig., weltanschauliche Vereinigungen	812	847	35	4,3
Interessenvertretung	652	796	144	22,1
Kultur, Sport, Erholung	1 878	2 211	333	17,7
Öffentliche Verwaltung	6 936	7 413	477	6,9
Öffentliche Verwaltung i.e.S.	6 648	7 117	469	7,1
Sozialversicherung	288	296	8	2,8

Promilleverteilung der Beschäftigten 1985 und 1991

A4 Wirtschaftssektor, Wirtschaftsabteilung	Vollzeitbeschäftigte			
	Grundzahlen		Promillezahlen	
	1985	1991	1985	1991
Total (ohne Sektor 1)	*232 236*	*250 212*	*1 000*	*1 000*
Sektor 2	105 746	113 006	455	452
Energie- und Wasserversorgung, Bergbau	1 751	1 697	8	7
Verarbeitende Produktion	79 265	83 189	341	333
Baugewerbe	24 730	28 120	106	112
Sektor 3	126 490	137 206	545	548
Handel, Gastgewerbe, Reparaturgewerbe	46 527	47 291	200	189
Verkehr, Nachrichtenübermittlung	19 176	20 888	83	83
Banken, Versicherungen, Immob., Beratung	27 507	33 907	119	135
Sonstige Dienstleistungen	26 344	27 707	113	111
Öffentliche Verwaltung	6 936	7 413	30	30

Beschäftigte nach Arbeitspensum 1991

A5 Wirtschaftssektor, Wirtschaftsabteilung, -klasse	Voll- u. Teilzeit- beschäftigte total	Arbeitspensum in % der betriebsübl. Arbeitszeit		
		90%+	50-89%	<50%
Total (ohne Sektor 1)	**324 186**	**250 212**	**36 144**	**37 830**
Sektor 2	124 506	113 006	7 213	4 287
Energie- und Wasserversorgung, Bergbau	1 864	1 697	82	67
Verarbeitende Produktion	92 700	83 189	6 249	3 262
davon:				
Nahrungsmittel	4 461	3 671	539	251
Textilien	966	762	135	69
Holzbe- u. -verarbeitung, Möbel	4 963	4 524	232	207
Graphische Erzeugnisse, Verlagswesen	6 127	4 728	731	668
Chemische Erzeugnisse	39 328	36 306	2 340	682
Kunststoff- und Kautschukwaren	2 250	2 015	148	87
Abbau u. Verarb. von Steinen und Erden	2 840	2 658	109	73
Metallbearbeitung und -verarbeitung	8 255	7 566	409	280
Maschinen- und Fahrzeugbau	9 337	8 594	452	291
Elektrotechnik, Elektronik, Feinmech., Optik	8 477	7 586	582	309
Baugewerbe	29 960	28 120	882	958
Sektor 3	199 680	137 206	28 931	33 543
Handel, Gastgewerbe, Reparaturgewerbe	67 998	47 291	9 511	11 196
davon:				
Grosshandel	17 209	14 042	1 815	1 352
Einzel-, Detailhandel	30 213	18 461	5 608	6 144
Gastgewerbe	15 270	10 177	1 754	3 339
Reparaturgewerbe	4 930	4 353	268	309
Verkehr, Nachrichtenübermittlung	24 486	20 888	1 729	1 869
davon:				
Strassenverkehr, Rohrleitungen	6 972	5 832	459	681
Verkehrsvermittlung, Spedition, Lagerhäuser	5 547	4 798	471	278
Nachrichtenübermittlung	5 913	4 664	621	628
Banken, Versicherungen, Immob., Beratung	45 592	33 907	4 758	6 927
davon:				
Banken, Finanzgesellschaften	11 015	9 330	1 042	643
Versicherungen	6 503	5 614	646	243
Beratung, Planung, Informatik	18 836	13 868	2 091	2 877
Persönliche Dienstleistungen	7 771	4 112	731	2 928
Sonstige Dienstleistungen (privat u. öffentl.)	52 056	27 707	11 791	12 558
davon:				
Unterrichtswesen	13 805	5 942	3 273	4 590
Gesundheits- und Veterinärwesen	22 896	13 415	5 278	4 203
Heime, Wohlfahrtspflege	6 164	3 128	1 652	1 384
Öffentliche Verwaltung	9 548	7 413	1 142	993

Promilleanteil[1] der beschäftigten Frauen nach Arbeitspensum 1991

A6 Wirtschaftssektor, Wirtschaftsabteilung, -klasse	Voll- u. Teilzeit- beschäftigte total	Arbeitspensum in % der betriebsübl. Arbeitszeit		
		90%+	50-89%	<50%
Total (ohne Sektor 1)	*391*	*274*	*821*	*756*
Sektor 2	220	161	819	770
Energie- und Wasserversorgung, Bergbau	128	71	707	866
Verarbeitende Produktion	269	206	842	778
davon:				
Nahrungsmittel	362	270	787	789
Textilien	537	438	911	899
Holzbe- u. -verarbeitung, Möbel	163	114	681	671
Graphische Erzeugnisse, Verlagswesen	392	284	796	711
Chemische Erzeugnisse	285	234	909	837
Kunststoff- und Kautschukwaren	242	169	858	897
Abbau u. Verarb. von Steinen und Erden	127	84	752	753
Metallbearbeitung und -verarbeitung	164	112	729	750
Maschinen- und Fahrzeugbau	145	88	823	770
Elektrotechnik, Elektronik, Feinmech., Optik	294	233	842	770
Baugewerbe	75	34	663	737
Sektor 3	497	366	821	754
Handel, Gastgewerbe, Reparaturgewerbe	521	377	877	829
davon:				
Grosshandel	341	244	806	723
Einzel-, Detailhandel	648	494	916	865
Gastgewerbe	592	474	853	816
Reparaturgewerbe	163	86	735	761
Verkehr, Nachrichtenübermittlung	304	241	748	594
davon:				
Strassenverkehr, Rohrleitungen	195	149	525	370
Verkehrsvermittlung, Spedition, Lagerhäuser	426	362	877	770
Nachrichtenübermittlung	410	307	810	774
Banken, Versicherungen, Immob., Beratung	429	333	793	649
davon:				
Banken, Finanzgesellschaften	423	347	864	810
Versicherungen	412	340	865	868
Beratung, Planung, Informatik	346	237	717	605
Persönliche Dienstleistungen	651	617	871	644
Sonstige Dienstleistungen (privat u. öffentl.)	647	529	798	767
davon:				
Unterrichtswesen	540	408	636	642
Gesundheits- und Veterinärwesen	761	653	922	904
Heime, Wohlfahrtspflege	729	613	808	898
Öffentliche Verwaltung	334	201	815	780

[1] Anteil an der Gesamtzahl der Beschäftigten der einzelnen Kategorie. Die Zahl der Beschäftigten in der linken Tabelle entspricht jeweils 1000 Promille.

Arbeitsstätten nach Grössenklassen 1991

A7 Wirtschaftssektor, Wirtschaftsabteilung, -klasse	Arbeitsstätten mit ... Vollzeitbeschäftigten				
	1	2-9	10-49	50-199	200+
Total (ohne Sektor 1)	*8 634*	*10 886*	*3 170*	*595*	*129*
Sektor 2	1 407	2 204	1 083	287	70
Energie- und Wasserversorgung, Bergbau	7	29	13	5	2
Verarbeitende Produktion	811	1 180	536	194	55
davon:					
Nahrungsmittel	17	40	26	15	2
Textilien	9	8	11	6	-
Holzbe- u. -verarbeitung, Möbel	182	248	84	14	1
Graphische Erzeugnisse, Verlagswesen	105	172	68	18	1
Chemische Erzeugnisse	17	43	44	19	23
Kunststoff- und Kautschukwaren	9	38	17	4	3
Abbau u. Verarb. von Steinen und Erden	49	54	36	12	1
Metallbearbeitung und -verarbeitung	93	183	84	41	2
Maschinen- und Fahrzeugbau	51	117	66	26	9
Elektrotechnik, Elektronik, Feinmech., Optik	54	85	51	26	8
Baugewerbe	589	995	534	88	13
Sektor 3	7 227	8 682	2 087	308	59
Handel, Gastgewerbe, Reparaturgewerbe	2 678	3 967	874	105	10
davon:					
Grosshandel	453	707	259	53	3
Einzel-, Detailhandel	1 577	1 789	325	22	6
Gastgewerbe	197	936	213	22	1
Reparaturgewerbe	398	488	74	8	-
Verkehr, Nachrichtenübermittlung	415	565	242	71	17
davon:					
Strassenverkehr, Rohrleitungen	236	243	92	24	2
Verkehrsvermittl., Spedition, Lagerhäuser	80	164	62	22	2
Nachrichtenübermittlung	86	95	33	13	6
Banken, Versicherungen, Immob., Berat.	2 411	2 191	419	49	19
davon:					
Banken, Finanzgesellschaften	78	160	83	14	8
Versicherungen	101	119	53	10	4
Beratung, Planung, Informatik	1 452	1 277	219	20	5
Persönliche Dienstleistungen	647	519	45	4	2
Sonstige Dienstleistungen (privat u. öffentl.)	1 640	1 726	370	55	13
davon:					
Unterrichtswesen	474	417	168	11	-
Gesundheits- und Veterinärwesen	543	756	52	20	12
Heime, Wohlfahrtspflege	51	130	81	10	-
Öffentliche Verwaltung	83	233	182	28	-

Beschäftigte nach Grössenklassen 1991

A8 Wirtschaftssektor, Wirtschaftsabteilung, -klasse	Vollzeitbeschäftigte in Arbeitsstätten mit ... Beschäftigten				
	1	2-9	10-49	50-199	200+
Total (ohne Sektor 1)	*8 634*	*41 629*	*63 710*	*55 532*	*80 707*
Sektor 2	1 407	9 310	22 765	27 965	51 559
Energie- und Wasserversorgung, Bergbau	7	148	329	575	638
Verarbeitende Produktion	811	4 848	11 424	19 347	46 759
davon:					
Nahrungsmittel	17	201	698	1 749	1 006
Textilien	9	26	288	439	-
Holzbe- u. -verarbeitung, Möbel	182	1 038	1 544	1 301	459
Graphische Erzeugnisse, Verlagswesen	105	680	1 413	1 794	736
Chemische Erzeugnisse	17	185	1 064	1 943	33 097
Kunststoff- und Kautschukwaren	9	173	439	411	983
Abbau u. Verarb. von Steinen und Erden	49	209	723	1 024	653
Metallbearbeitung und -verarbeitung	93	792	1 689	4 198	794
Maschinen- und Fahrzeugbau	51	521	1 520	2 595	3 907
Elektrotech., Elektronik, Feinmech., Optik	54	344	1 057	2 587	3 544
Baugewerbe	589	4 314	11 012	8 043	4 162
Sektor 3	7 227	32 319	40 945	27 567	29 148
Handel, Gastgewerbe, Reparaturgewerbe	2 678	14 966	16 759	8 999	3 889
davon:					
Grosshandel	453	2 740	5 448	4 442	959
Einzel-, Detailhandel	1 577	6 271	6 092	1 822	2 699
Gastgewerbe	197	3 902	3 795	2 052	231
Reparaturgewerbe	398	1 882	1 390	683	-
Verkehr, Nachrichtenübermittlung	415	2 357	5 050	6 497	6 569
davon:					
Strassenverkehr, Rohrleitungen	236	1 023	1 699	2 346	528
Verkehrsvermittl., Spedition, Lagerhäuser	80	682	1 405	1 981	650
Nachrichtenübermittlung	86	360	764	1 057	2 397
Banken, Versicherungen, Immob., Berat.	2 411	8 086	8 272	4 354	10 784
davon:					
Banken, Finanzgesellschaften	78	644	1 653	1 197	5 758
Versicherungen	101	550	1 091	867	3 005
Beratung, Planung, Informatik	1 452	4 716	4 382	1 804	1 514
Persönliche Dienstleistungen	647	1 754	809	395	507
Sonstige Dienstleistungen (privat u. öffentl.)	1 640	5 836	7 017	5 308	7 906
davon:					
Unterrichtswesen	474	1 617	3 018	833	-
Gesundheits- und Veterinärwesen	543	2 207	1 055	2 077	7 533
Heime, Wohlfahrtspflege	51	583	1 634	860	-
Öffentliche Verwaltung	83	1 074	3 847	2 409	-

Anhänge

Anhang I   Geheimhaltungsverpflichtung

Anhang II   Aufbau und Arbeitsweise der
                Regio Wirtschaftsstudie
                Nordwestschweiz

Anhang I

Geheimhaltungsverpflichtung

1. Die unterzeichneten Projektbearbeiter verpflichten sich, die von den befragten Firmen anvertrauten Angaben und Unterlagen nur für die Regio Wirtschaftsstudie Nordwestschweiz zu verwenden.

2. Die unterzeichneten Projektbearbeiter verpflichten sich zu absoluter Geheimhaltung.

3. Zugang zu den Angaben und Unterlagen haben nur Dr. Rainer Füeg, Betriebswirtschaftliches Institut der Universität Basel und lic. rer. pol. Peter Grieder, Grieder & Partner, Basel. Der Projektgruppe sowie dem Projektleiter ist der Einblick in die Angaben und Unterlagen ebenso verwehrt wie staatlichen Stellen, privaten Firmen, Institutionen oder natürlichen Personen.

4. Das Datenmaterial wird so verarbeitet und aggregiert, dass in keinem Fall auf eine einzelne Unternehmung geschlossen werden kann.

5. Nach der Verarbeitung werden die Fragebogen mit den Angaben und Unterlagen bei den Projektbearbeitern unter Verschluss gelagert; nicht mehr benötigte Unterlagen werden vernichtet.

6. Die Oberaufsicht über die Regio Wirtschaftsstudie Nordwestschweiz hat die Projektgruppe. Sie ist ermächtigt, falls unbedingt nötig, auch andere Projektbearbeiter mit denselben Rechten und Pflichten zu bezeichnen.

Basel, 3.6.1985

Anhang II

Aufbau und Arbeitsweise der Regio Wirtschaftsstudie Nordwestschweiz

Die Analyse der regionalen Wirtschaft, wie sie in der vorhergehenden Studie erfolgte, resultiert aus einer Zusammenarbeit von Wirtschaft, Staat und Universität. Dabei

- liefern die Unternehmungen der Region Daten über die Entwicklung der Zahl der Arbeitsplätze, des Umsatzes, der Wertschöpfungsentstehung und der Wertschöpfungsverteilung

- bereiten zwei Unternehmungsberater diese Daten auf, werten sie aus, analysieren und kommentieren sie und werden darin von Exponenten der Universität unterstützt

- stellen Staat, Unternehmungen und Wirtschaftsorganisationen gemeinsam die Finanzierung der Studie sicher.

Diese gemeinsame Trägerschaft dokumentiert sich denn auch in den Gremien, welche für die praktische Arbeit geschaffen worden sind:

Die *Projektgruppe* entscheidet über Durchführung und Zielsetzung der Studie. Sie setzt sich zusammen aus den Herren P. Nyffeler (Vorsitz), W. Burkhardt, NR Dr. Ch. Eymann, RR Dr. M. Feldges, RR Dr. H. Fünfschilling, Dr. P. Gloor, NR H.R. Gysin, NR Dr. P. Wyss.

Die *Durchführung der Studie* (Definition und Auswertung der Fragebogen, Durchführung der Interviews, Analyse und Präsentation der Ergebnisse) liegt in den Händen von

- Dr. R. Füeg, Institut für Betriebswirtschaft, Basel

- Lic.rer.pol. P. Grieder, MBA, Basel

Der integrierte *Arbeitsausschuss* funktioniert als Beratungsorgan für die Autoren der Studie und besteht aus den Herren Prof. Dr. René L. Frey (Vorsitz), Prof. Dr. N. Blattner, Dr. R. Füeg, G. Gantenbein, P. Grieder, A. Lienin, J.L. Nordmann, Prof. Dr. T. Studer, Dr. P. Schai, D. Wronsky, P. Wyss.

Die *Arbeitsgruppe* schliesslich dient der Abstützung der Studie in der Nordwestschweiz und setzt sich zusammen aus Vertretern von Staat und Wirtschaft der verschiedenen Teilregionen. Ihr gehören an die Herren Dr. H. Ballmer (Liestal), Dr. S. Bieri (Aarau), Prof. N. Blattner, Dr. H. Briner (Basel), Prof. A. Bürgin (Basel), Dr. H. Engler (Aarau), Dr. H. Flückiger (Bern), Dr. E. Frey (Basel), Prof. R.L. Frey (Basel), Dr. R. Füeg (Pratteln), H.R. Gysin (Liestal), Dr. R. Gysin (Basel), Dr. Ch. Koellreuter (Basel), A. Lienin (Liestal), Dr. B. Angehrn (Aarau), A. Klein (Colmar), A. Knecht (Basel), J. Meier (Basel), T. Nissen (Basel), J.L. Nordmann (Pratteln), J. Orth (Lörrach), Dr. P. Rogge (Reinach), Dr. P. Schai (Basel), Dr. H.R. Schulz (Riehen), Prof. T. Studer (Basel), G. Teleki (Basel), D. Wronsky (Liestal), Dr. K. Wunderle (Basel), O. Wyss (Basel), P. Wyss (Solothurn), P. Wyss (Liestal).

Publikationsreihe "Schriften der Regio Nr. 7"

7.1 REGIO WIRTSCHAFTSSTUDIE I (1980) (vergriffen):
Wirtschaftsstruktur der Nordwestschweiz 1978 - Arbeitskräfte und Arbeitsmarkt - Stärken und Schwächen
Prof. Dr. A. Bürgin, Prof. Dr. René L. Frey, Markus Furler, Prof. Dr. T. Studer, P. Wyss

7.2 REGIO WIRTSCHAFTSSTUDIE II (1981)
Der Fundamentalbereich 1979 - Das Gewerbe in der Nordwestschweiz - Raum und Wirtschaft - Interpretation
Prof. Dr. A. Bürgin, Prof. Dr. René L. Frey, P. Nyffeler, Prof. Dr. T. Studer, P. Wyss

7.3 REGIO WIRTSCHAFTSSTUDIE III (1982)
Der Fundamentalbereich 1980 - Wertschöpfung der öffentlichen Hände - Energiebedarf im Fundamentalbereich - Konjunktur und Wachstum in der Nordwestschweiz
Prof. Dr. A. Bürgin, Prof. Dr. René L. Frey, Dr. R. Füeg, Prof. Dr. T. Studer, P. Wyss

7.4 REGIO WIRTSCHAFTSSTUDIE IV (1983)
Die wirtschaftliche Entwicklung 1981 - Entwicklung der Schlüsselbranchen - Entwicklung in Gewerbe und öffentlicher Hand - Längerfristige Entwicklung und Vergleich mit der übrigen Schweiz
Prof. Dr. A. Bürgin, Prof. Dr. René L. Frey, Dr. R. Füeg, P. Wyss

7.5 REGIO WIRTSCHAFTSSTUDIE V (1984)
Die wirtschaftliche Entwicklung 1982 - Die Entwicklung in den Schlüsselbranchen und im Gewerbe - Konjunktur, Wachstum und Strukturwandel - Bevölkerungsentwicklung und Arbeitsmarkt - Bevölkerungsentwicklung und Erwerbstätigkeit - Die Wirtschaftsstudie als integrierender, regionalpolitischer Faktor?
Prof. Dr. N. Blattner, Prof. Dr. A. Bürgin, Prof. Dr. René L. Frey, Dr. R. Füeg, A. Lienin, P. Wyss

7.6 REGIO WIRTSCHAFTSSTUDIE VI (1985)
Die wirtschaftliche Entwicklung 1983 - Die Entwicklung in den Schlüsselbranchen und im Gewerbe - Regionaler Arbeitsmarkt - Die Investitionstätigkeit der Schlüsselbranchen - Vergleich mit der gesamten Schweiz
Prof. Dr. N. Blattner, Prof. Dr. René L. Frey, Dr. R. Füeg, P. Grieder, A. Lienin

7.7 REGIO WIRTSCHAFTSSTUDIE VII (1986)
Die wirtschaftliche Entwicklung 1984/85 - Die Entwicklung 1984 in den Schlüsselbranchen und im Gewerbe - Unternehmungsbewegungen in der Nordwestschweiz - Wirtschaftsförderung in der Region - Vergleich mit der gesamten Schweiz
Prof. Dr. René L. Frey, Dr. R. Füeg, P. Grieder, W. Steinmann, P. Wyss

7.8 REGIO WIRTSCHAFTSSTUDIE VIII (1987)
Die Wirtschaft der Nordwestschweiz 1985 - Die Entwicklung der Industriebranchen 1985/86 - Die Entwicklung der Dienstleistungsbranchen 1985/86 - Die Grenzgänger in der Region Nordwestschweiz - Ausbildung, Weiterbildung, Umschulung - Wechselkursrisiken: Auswirkungen und Reaktionsmöglichkeiten - Plädoyer für eine umweltgerechte Wirtschaftspolitik - Die Regio Wirtschaftsstudie Nordwestschweiz als Hilfe bei der Suche nach einer neuen Wirtschaftspolitik - Das regionale Gewerbe
Prof. Dr. Alfred Bürgin, Prof. Dr. René L. Frey, Prof. Dr. N. Blattner, Dr. Rainer Füeg, Peter Grieder, PD Dr. Erwin Heri, Paul Nyffeler

7.9 REGIO WIRTSCHAFTSSTUDIE NORDWESTSCHWEIZ IX (1988)
Das Wirtschaftsjahr 1986/87 in der Nordwestschweiz - Die Entwicklung in den Industriebranchen 1986/87 - Die Entwicklung in den Dienstleistungsbranchen 1986/87 - Die Entwicklungen im Gewerbe - Werden die Wirtschaftsprognosen nach dem Umsturz an den Börsen zur Makulatur? - Die wirtschaftliche Entwicklung der Nordwestschweiz im Vergleich zur gesamten Schweiz - Die Vollendung des Gemeinsamen Marktes und die Regio Basiliensis - Unternehmung und Umwelt: Energieverbrauch, Investitionen und Strategien
Prof. Dr. A. Bürgin, Prof. Dr. René L. Frey, Dr. Rainer Füeg, Peter Grieder, Dr. Ch. Koellreuter

7.10 REGIO WIRTSCHAFTSSTUDIE NORDWESTSCHWEIZ X (1989)
Das Wirtschaftsjahr 1987/88 in der Nordwestschweiz - Die Entwicklung 1987/88 in den Industriebranchen - Die Entwicklung 1987/88 in den Dienstleistungsbranchen - Die Entwicklung 1987/88 im Gewerbe - Die wirtschaftliche Entwicklung der Nordwestschweiz im Vergleich zur übrigen Schweiz - Strukturveränderungn in der Nordwestschweiz - Die Herausforderung der Nordwestschweiz durch die Vollendung des EG- Binnenmarktes - Stimmen zum Jubiläum
W. Burkhardt - Dr. M. Feldges - Prof. Dr. René L. Frey - Dr. Rainer Füeg - Peter Grieder - P. Nyffeler

7.11 REGIO WIRTSCHAFTSSTUDIE NORDWESTSCHWEIZ XI (1990)
Das Wirtschaftsjahr 1988/89 in der Nordwestschweiz - Die Entwicklung 1988/89 in den Industriebranchen - Die Entwicklung 1988/89 in den Dienstleistungsbranchen - Die Entwicklung 1988/89 im Gewerbe - Die Wirtschaft der Nordwestschweiz Vergleich und Folgerungen für die Wirtschaftsförderung - - Auf dem Weg zum Binnenmarkt: Was tut sich in der Region? - Aufgaben der Eidgenössischen Zollverwaltung heute und morgen
Prof. Dr. René L. Frey - Dr. Rainer Füeg - Peter Grieder - Dr. Hans Lauri

7.12 REGIO WIRTSCHAFTSSTUDIE NORDWESTSCHWEIZ XII (1991)
Das Wirtschaftsjahr 1989/90 in der Nordwestschweiz - Die Entwicklung 1989/90 in den Industriebranchen - Die Entwicklung 1989/90 in den Dienstleistungsbranchen - Die Entwicklung 1989/90 im Gewerbe - Die Wirtschaftsentwicklung in der Nordwestschweiz im Vergleich zur gesamten Schweiz - EG92, EWR und Osteuropa: Die Nordwestschweiz und die europäische Entwicklung - Die Wirtschaftsstrukturen in Südbaden und im Oberelsass
Prof. Dr. René L. Frey - Dr. Rainer Füeg - Peter Grieder

7.13 REGIO WIRTSCHAFTSSTUDIE NORDWESTSCHWEIZ XIII (1992)
Die Wirtschaftsentwicklung in der Nordwestschweiz in den Jahren 1990/91 - Die Entwicklung der Industrie 1990/91 - Die Entwicklung der Dienstleistungsbranchen 1990/91 - Die Entwicklung im Gewerbe 1990/91 - Der Wirtschaftsraum Oberrhein 1987-1990 - Stand und Entwicklungstendenzen des Finanzplatzes Basel - Zur Situation der Bauwirtschaft angesichts der europäischen Integration
Dr. Rainer Füeg - Peter Grieder - Prof. Dr. Tobias Studer

7.14 REGIO WIRTSCHAFTSSTUDIE NORDWESTSCHWEIZ XIV (1993)
Die Wirtschaftsentwicklung in der Nordwestschweiz 1991/92 - Die Entwicklung 1991/92 in der Industrie - Die Entwicklung der Dienstleistungsbranchen 1991/92 - Die Entwicklung 1991/92 im Gewerbe - Regio Wirtschaftsstudie Oberrhein 1991 - Die Ergebnisse der Betriebszählung 1991 in der Nordwestschweiz
Dr. Rainer Füeg - Peter Grieder - Johann Christoffel